二十四史

马上读
语文历史都进步

第四册

《后汉书》

李海杰 主编

北京理工大学出版社
BEIJING INSTITUTE OF TECHNOLOGY PRESS

版权专有　侵权必究

图书在版编目（CIP）数据

二十四史马上读：语文历史都进步：函套共12册/李海杰主编. —北京：北京理工大学出版社，2023.10

ISBN 978-7-5763-2413-6

Ⅰ.①二… Ⅱ.①李… Ⅲ.①二十四史–青少年读物 Ⅳ.①K204.1-49

中国国家版本馆CIP数据核字（2023）第097057号

出版发行 / 北京理工大学出版社有限责任公司
社　　址 / 北京市丰台区四合庄路 6 号
邮　　编 / 100070
电　　话 / （010）68944451（大众售后服务热线）
　　　　　（010）68912824（大众售后服务热线）
网　　址 / http://www.bitpress.com.cn
经　　销 / 全国各地新华书店
印　　刷 / 唐山富达印务有限公司
开　　本 / 880毫米 × 1230毫米　1 / 32
印　　张 / 77.75　　　　　　　　　　　　　　责任编辑 / 徐艳君
字　　数 / 1236千字　　　　　　　　　　　　文案编辑 / 徐艳君
版　　次 / 2023年10月第1版　2023年10月第1次印刷　责任校对 / 刘亚男
定　　价 / 398.00元（全12册）　　　　　　　　责任印制 / 施胜娟

图书出现印装质量问题，请拨打售后服务热线，本社负责调换

目录

后汉书

光武帝纪 / 003
◎ 善于隐忍的开国皇帝

孝明帝纪 / 010
◎ 固守基业，再开西域

孝献帝纪 / 015
◎ 生不逢时的明主

邓禹列传 / 021
◎ 名垂青史的元功

窦融列传 / 027
◎ 识时务者为俊杰

马援列传 / 032
◎ 马革裹尸的开国名将

梁冀列传 / 038
◎ 残暴跋扈的野心将军

郑玄列传 / 044
◎ 统一汉代经学的大师

班固列传 / 050
◎ 续写《史记》，重塑汉德

班超列传 / 056
◎ 弃笔从戎，平定西域

王充列传 / 062
◎ 求真的思想家

杨震列传 / 068
◎ 清廉公正的"四知先生"

张衡列传 / 074
◎ 全能型发明家

马融列传 / 080
◎ 古文经学大师

蔡邕列传 / 085
◎ 东汉最后一位大文豪

陈蕃列传 / 091
◎ 犯颜直谏的名臣

党锢列传 / 097
◎ "八俊"之首李膺
◎ 不畏奸佞的范滂

何进列传 / 104
◎ 东汉最后的外戚

孔融列传 / 110
◎ 忠于汉朝的一代名儒

皇甫嵩列传 / 116
◎ 平定黄巾之乱

董卓列传 / 122
◎ 祸乱汉朝,罪恶滔天

袁绍列传 / 128
◎ 有匹夫之勇,无将帅之谋

刘表列传 / 134
◎ 治世贤臣，乱世清流

吕布列传 / 139
◎ 辕门射戟与"三姓家奴"

宦者列传 / 145
◎ "造纸鼻祖"蔡伦
◎ 追尊为皇帝的宦官曹腾

儒林列传 / 151
◎ 今文经学领袖何休
◎ "字圣"许慎

方术列传 / 157
◎ "外科鼻祖"华佗
◎ 华佗弟子吴普

《后汉书》由南朝宋史学家范晔(yè)编撰,全书共一百三十卷,包括本纪十二卷,列传八十八卷,志三十卷,无表,是记录东汉的纪传体断代史。《后汉书》记录从汉光武帝刘秀到汉献帝刘协(25—220年),共一百九十五年的历史。《后汉书》是"前四史"的第三部,大致沿用了《史记》《汉书》体例,又根据东汉的实际有所创新,增加了《宦者列传》《列女列传》等。《后汉书》坚持以儒家思想为正统,文字简明周详,叙事生动,是水平较高的私修史书。

范晔(398—445年),字慰宗,顺阳郡顺阳县(今河南省淅川县)人,南朝宋著名史学家、文学家。

范晔出身于士族之家,从小博览群书,善于作文,通晓音律。420年,宋武帝代晋称帝,二十三岁的范晔应召入仕,担任彭城王的长史,历任多职。彭城王的母亲去世,范晔在丧礼期间听音乐,被贬为宣城郡(今安徽省宣城市)太守。其间,范晔开始编撰《后汉书》,以此排解痛苦。该书编成之后,因为博采众长,叙事生动,迅速流行起来。范晔因为才华横溢,故而性格孤傲,不肯逢迎。晚年因为伙同彭城王谋反事发,于445年被宋文帝处死,享年四十八岁。

光武帝纪

> 刘秀（公元前5—57年），字文叔，南阳郡蔡阳县人（今湖北省枣阳市）人，汉高祖九世孙，东汉开国皇帝，死后谥号光武帝。

● 善于隐忍的开国皇帝

西汉末年，刘秀出生在一个没落的皇族家庭。他的直系祖先是汉景帝的儿子长沙定王刘发，后来根据汉武帝颁布的推恩令，他的先世从王降到列侯，一直降到县令。

等到当县令的父亲去世，刘秀才九岁，由叔父抚养，于是回农村当了农民，过起了寄人篱下的生活。

刘秀在农村认真种地，将自己的壮志深埋心底，默默地等待时机。

西汉王朝自汉元帝起开始衰败，已经持续了几十年。刘秀十四岁时，外戚王莽建立新朝，西汉灭亡。王莽统治

二十四史马上读，语文历史都进步

时的改革过于激进，终于引发了大规模农民起义，各地的豪强地主也趁机起事，天下大乱。

刘氏宗族子弟作为皇族后裔，眼见如此局面，都蠢蠢欲动，想要成就大事。唯有刘秀处事稳重，富有权谋，不为所动。

刘秀的哥哥刘縯（yǎn）决定马上起兵，但宗族子弟都不愿意跟随。刘秀密切观察局势，在观望了一段时间之后，才加入起兵的行列。刘氏子弟见一向谨厚的刘秀都加入进来，这才安心追随刘縯。

在众多起义军中，东方的赤眉军与南方的绿林军成为两支主要力量。刘縯带领的南阳郡子弟，便投奔了绿林军。

23年，绿林军的主要将领拥立西汉宗室的刘玄为帝，史称更始帝。王莽坐镇京城洛阳（今洛阳市），一看南方的反贼居然敢称帝，十分生气，急忙调集主力部队，打算与绿林军进行决战。

四十万的新朝军队携带着大量的粮草辎重，浩浩荡荡地杀往绿林军的驻地昆阳（今河南省叶县）。昆阳城内仅有九千守军，众人面对如此强大的敌人，十分害怕，打算撤退。

刘秀站出来说："昆阳一破，一天之内，大家都会被消灭!"将领们觉得他说的有理,决定固守昆阳。

因为新朝军队已经逼近,刘秀当晚率领十三名骑兵冲出包围圈,去找兄弟部队增援。好不容易找到援军,对方却贪恋财物,不肯出兵。

刘秀骂他们说:"如果能去昆阳破敌,获得的财宝是现在的几万倍,还能成就大事;如果被敌人打败,性命尚且不保,要财物有什么用!"刘秀由此得到一万七千名援兵。

此时,昆阳守军已经和新军鏖(áo)战数日,整个防线处于崩溃的边缘。刘秀手握援兵,却不急于加入战斗。他先放出风声,说绿林军的主力部队即将到达,昆阳守军听说此事,士气大振,而新军得此消息,心情沮丧。

刘秀见时机成熟,亲自带领三千名敢死队发起进攻,很快击破了敌人的中军营垒,诛杀了新军主将。新军群龙无首,瞬时溃散,刘秀与城内守军乘胜追击,杀声震天,一举击败四十万敌军。这就是著名的昆阳之战。

昆阳之战后,刘秀兄弟的实力迅速提高,更始帝便找借口杀了刘縯。刘秀得知消息,强忍杀兄之仇,立即向更始帝谢罪,对自己昆阳的战功只字不提。更始帝见他姿态谦卑,反而觉得有愧,便册封刘秀为武信侯。

刘秀的家乡有一位豪门美女叫阴丽华,刘秀还没发迹时,便十分仰慕她。刘秀年轻时进京,看见百官出行的壮观场面,觉得很羡慕,便感叹道:"仕宦当作执金吾,娶妻当得阴丽华。"

刘秀被封为武信侯后,为了向更始帝表明自己没有野心,趁势向阴丽华求婚,成功娶得她为妻。刘秀年轻时发出的千古之叹,没想到竟能同时实现。

刘秀内心很清楚自己功高震主,所以一直韬光养晦、广交豪杰。他充分利用汉室后裔的身份,纵横捭阖,很快便"跨州据土,带甲百万"。

25年,刘秀在鄗(hào)城(今河北省柏乡县)称帝,沿用国号汉,是为光武帝。光武帝发起了统一全国的战争,先后扫平了关中、关东、陇右、蜀中等地的割据势力,用十二年的时间统一了全国。

东汉建国后,京都洛阳住着很多皇亲国戚,仰仗权势横行霸道,无人敢管。

这一年,董宣担任洛阳县县令。他一上任,就碰到光武帝的姐姐湖阳公主的家奴滥杀无辜路人,董宣拦下公主的马车,当面将凶手就地正法。

光武帝勃然大怒,认为董宣藐视皇权,要将他杖责至死。

命悬一线之际,董宣大声道:"陛下既然要实现天下

大治,又怎么能纵容奴仆犯法?因私情而废公事,还怎么治理天下呢?不用陛下来杀臣,臣撞墙自尽。"

光武帝突然醒悟,便退让一步,只要求董宣向公主磕头道歉,以此免去死罪。董宣执意不肯,光武帝便让侍从强行按住董宣,让他低头,董宣两手据地,始终不屈。

光武帝见董宣如此刚强,最终选择放弃皇帝的威权,敕封董宣为"强项令",重加赏赐。

鉴于天下大乱已经几十年,大量人口死于战乱,光武帝采取一系列措施稳定政局,着力发展经济,到他统治的末年,全国人口增长了一倍有余,历史上称这段时期为"光武中兴"。

57年,光武帝在南宫前殿病逝,享年六十三岁。

经典原文与译文

【原文】光武乃与敢死者三千人,从城西水上冲其中坚,寻、邑陈乱,乘锐崩之,遂杀王寻。城中亦鼓噪而出,中外合势,震呼动天地,莽兵大溃,走者相腾践,奔殪(yì)百余里间。——摘自《后汉书·卷一》

【译文】光武帝于是带领三千名不怕死的勇士,从昆阳城西的水边冲击敌人中军,王寻、王邑军队的阵势大乱,光武帝乘着锋锐的势头击溃了他们,于是诛杀王寻。昆阳城中的守军也鸣鼓呐喊而出,里外会合,惊骇的喊杀声震天动地,王莽的军队惨败溃散,逃跑的士兵相互践踏,奔逃跌倒在地绵延一百多里。

韬光养晦: 比喻隐藏才能,不使外露。

忍辱负重: 指为了完成艰巨的任务,忍受暂时的屈辱。

孝明帝纪

> 刘庄（28—75年），字子丽，出生于常山郡元氏县（今河北省石家庄市元氏县），光武帝的第四个儿子，东汉第二位皇帝，死后谥号孝明帝。

◉ 固守基业，再开西域

刘庄的母亲是光武帝的原配夫人阴丽华。刘庄出生时，阴丽华还不是皇后，因此他只是光武帝的庶长子。刘庄从小十分聪明，十岁便通晓《春秋》，光武帝认为这个儿子不凡。

有一年，朝廷重新清查田亩，光武帝收到一份文件，说可以清查颍川郡、弘农郡的田亩，但不要清查河南郡、南阳郡的。光武帝不懂，询问官员是什么意思，年仅十二岁的刘庄插话说："河南郡是帝都所在，南阳郡是皇帝的家乡，这两个地方的田亩、宅第肯定存在逾制，不能认真纠察。"光武帝核实后果然如此，对刘庄更加欣赏。

后来，光武帝册立阴丽华为皇后，刘庄成为嫡长子，两年后被册立为太子。57年，光武帝驾崩，刘庄即位，是为汉明帝。明帝的同母弟弟刘荆给废太子刘疆写信，劝他起兵夺取天下，刘疆立即把信交给明帝。明帝并没有立即抓捕刘荆，只是加强了对他的监控。不久，刘荆私底下问相士，自己长得像先帝，先帝是三十岁称帝，今年自己也三十岁，是否可以起兵。相士马上将事情上报，刘荆怕明帝治罪，便自己进了监狱。即便如此，明帝仍然赦免了他。

原来，自西汉末年以来，豪强地主成为一股强大的势力，光武帝能够成功当上皇帝，全靠他们支持。明帝内心很清楚，宗室藩王本身不具备谋反的能力，但他们背后的豪族势力，却能颠倒乾坤。明帝一方面宽赦诸侯王谋反，另一方面连续诛杀他们的党羽，就是借机削弱异己豪族，这是一种治理策略。

与此同时，从官员的选拔到考核、升迁，明帝开始全面整顿吏治。开国功臣、大司空窦融的大儿子，依仗父亲的权势干预政事，假托阴太后的命令，逼迫一位官员休妻，迎娶自己的女儿。被休的妻子一纸诉状告上官府，明帝大怒，下令罢免除窦融之外的所有窦氏官吏，并将他们驱逐出京。后来又将窦融的这个儿子召回，将他

▲ 汉明帝拒绝姐姐的请托

关进监狱致死。明帝的姐姐馆陶公主，曾经为自己的儿子求郎官之职，明帝拒绝了她，而后赐钱千万。大臣们见明帝对开国功臣和自己的外甥都如此严厉，非常惶恐，再也不敢懈怠政务。

64年，明帝在梦中见到一个金人，长得十分高大，头顶放射白光，在皇宫的庭院中飞翔，继而往西方而去。明帝不解，第二天询问朝臣，大多数人不知何意，唯有一个博学的大臣说可能是西域的佛陀，很是神灵。明帝因此派出使团，前往西方拜佛取经。使团在路上遇到印度高僧，见到了佛经和释迦牟尼佛像，便诚恳邀请他们东赴中土弘法宣教。印度高僧到达洛阳后,明帝十分高兴,亲自接待他们,并下令在洛阳城西修建僧院,供他们居住译经。因为佛经是用白马驮着回国的,于是僧院就被命名为白马寺,这也是我国最早的佛寺。

西汉末年动乱不断,国力衰弱,汉朝对北方草原的匈奴只能采取守势,对西域也逐渐失去了控制。等到明帝即位,匈奴已经分裂为南北两支,其中南匈奴归附了汉朝,北匈奴依然时不时在东汉边境制造摩擦。73年,明帝联络部分属国,派出四路大军讨伐北匈奴,打败了他们,重新设置西域都护府,恢复了东汉与西域各国的联系。随后,明帝又派遣班超出使西域,班超不负所托完成使命,西域各国纷纷派遣使节表示臣服汉朝。

明帝励精图治、发展经济,他的儿子汉章帝继承他的志向,两人共同成就了东汉历史上最强盛的时期,史称"明章之治"。75年,明帝在洛阳东宫前殿去世,享年四十八岁。

经典原文与译文

【原文】秋八月壬子,帝崩于东宫前殿。年四十八。遗诏无起寝庙,藏主于光烈皇后更衣别室。帝初作寿陵,制:"令流水而已。"石椁广一丈二尺，长二丈五尺，无得起坟。万年之后，扫地而祭，杅（yú）水脯糒（fǔ bèi）而已。过百日，唯四时设奠，置吏卒数人供给洒扫，勿开修道。敢有所兴作者，以擅议宗庙法从事。——摘自《后汉书·卷二》

【译文】永平十八年秋季八月壬子日，汉明帝在东宫的前殿驾崩。终年四十八岁。遗诏不准修建寝庙，将神主放置在光烈阴皇后换衣服的别室。皇帝起初修建陵寝，下制令："能让水向低处流就可以了。"石外棺宽一丈二尺，长二丈五尺，不起坟头。驾崩之后，扫地而祭祀，准备盂水、干肉、干粮即可。死后一百天，只在四季祭奠，安排几个兵卒供给洒扫，不要开修道。有人胆敢兴作这些事，以擅议宗庙的罪名处置。

不拘一格：不受某种规格、方式的束缚。

后汉书·孝献帝纪

孝献帝纪

> 刘协（181—234 年），字伯和，河南郡洛阳县（今河南省洛阳市）人，东汉末代皇帝，死后谥号孝献帝。

● 生不逢时的明主

刘协是汉灵帝的第二个儿子。刘协的母亲生下他不久，就被何皇后毒死。汉灵帝担心刘协的安危，将他交给母亲董太后抚养，刘协便以董氏为外家，被称为"董侯"。

汉灵帝驾崩，大将军何进拥立自己的外甥刘辩为帝，是为汉少帝。刘协被封为陈留王。

当时，外戚与宦官的斗争很激烈，汉少帝与刘协被宦官劫持，逃出皇宫，恰好遇到西北军阀董卓率领军队进京。

面对杀气腾腾的军队，汉少帝吓得直哭，口不能言，作为弟弟的刘协却冷静完整地道出了事情的前因后果。

董卓掌控朝政后，自认为与董太后同族，又觉得刘协贤能，便废杀少帝，改立刘协，是为汉献帝。献帝时年九岁，从此开始了他漫长的傀儡生涯。

董卓在京城洛阳烧杀劫掠，无恶不作，引起了很大的愤慨。为了安全起见，他挟持献帝，迁都长安（今西安市）。

司徒王允表面上依附董卓，获得信任，得以主持政务，暗中却使用离间计，挑拨董卓与养子吕布的矛盾。董卓被吕布刺死，长安城陷入混战。

194年，关中（今陕西省中部）地区发生旱灾，献帝下令赈灾，但仍有很多百姓饿死。献帝怀疑赈灾官员中饱私囊，于是派人取来五升米、五升豆，当面煮粥，煮出了两盆，证实赈灾官员确实作弊。于是相关官员被重罚，百姓得到救济。

第二年，董卓的部将内讧，相互厮杀数月，死者不计其数，长安成为一片废墟。献帝在国舅董承等官员的护卫下，逃出长安，辗转往洛阳而行。献帝一行一路上颠簸坎坷，有时挖野菜充饥，如同流离失所的灾民，吃尽了苦头。

196年，献帝与群臣终于到达洛阳，但洛阳被董卓劫掠后，也是废墟一片。时任兖（yǎn）州（今河南省东部、山东省西部）牧的曹操主动前往洛阳，迎接十六岁的献

▲ 汉献帝入许都

帝，并迁都到自己的根据地许县（今河南省许昌市）。

献帝虽然终于过上了安定的生活，但仍然没有实权。雄才大略的曹操开始"挟天子以令诸侯"，利用献帝的旗号消灭政治对手。

200年，经过几年征讨之后，中原地区只剩下曹操和袁绍两雄对峙，双方在官渡（今河南省中牟县境内）相持。

献帝不甘心受摆布，觉得这是夺回皇权的机会，用鲜血写下诏书，缝在衣带里，命令董承等人设法诛杀曹操。

董承时任车骑将军，有一定的权力，他找到忠于献帝的左将军刘备、长水校尉种辑、将军吴子兰、王子服等人，商议具体行动。

不久，事情暴露，曹操大开杀戒，将参与策划的人全部杀掉，董承的女儿董贵人当时已经怀孕，也未能幸免，只有刘备因为及时出走投靠袁绍，才躲过一劫。

献帝的伏皇后见曹操如此残暴，感到很恐惧，写信给自己的父亲伏完，希望他继承董承等人的未竟之事，伏完却一直没有行动。

有一次，朝臣赵彦为献帝陈述时局对策，曹操知道后，将赵彦杀死。

此后，曹操觐见献帝，献帝愤怒地说："如果你能够辅佐，希望你宽厚一些；如果不能，就请开恩把我废掉！"按照汉朝的惯例，三公以上官员觐见皇帝，有虎贲（bēn）卫士持刀站立两旁，以防不测。

曹操听到献帝这番含有杀机的话，大惊失色，请求马上离开，出宫之后汗流浃背，从此不再觐见献帝。

214年，伏皇后想要诛杀曹操的事情败露，曹操逼迫献帝废黜伏皇后，命令御史大夫郗（xī）虑拿着早已草拟好的诏书，尚书令华歆（xīn）同时带兵包围皇宫，搜捕伏皇后。

躲在宫中夹墙里的伏皇后，被找到后拖出，披头散发，光脚而行，边走边哭着哀求献帝说："不能再救救我吗？"献帝说："我也不知道自己的性命能延续到什么时候！"

220年二月，曹操去世，儿子曹丕嗣位为魏王。曹丕逼迫四十岁的献帝禅位，是为魏文帝。魏文帝册封献帝为山阳公，在自己的封地可以使用天子的礼仪，四百年的汉朝就此覆灭。

234年四月，献帝寿终正寝，享年五十四岁。

献帝身处末世，颠沛流离，不像其他末代皇帝那般昏庸，甚至有英明的赞誉，却做了一辈子的傀儡皇帝，其悲惨的皇帝生涯赢得了后世的大量同情。

经典原文与译文

【原文】帝使侍御史侯汶出太仓米豆，为饥人作糜粥，经日而死者无降。帝疑赋恤有虚，乃亲于御坐前量试作糜，乃知非实，使侍中刘艾出让有司。于是尚书令以上皆诣省阁谢，奏收侯汶考实。诏曰："未忍致汶于理，可杖五十。"自是之后，多得全济。——摘自《后汉书·卷九》

【译文】汉献帝派侍御史侯汶调出太仓的米和豆，为饥民煮粥，过了几天，饿死的人并没有减少。献帝怀疑布施赈济有弄虚作假的问题，便亲自在御坐前称量米和豆，试着煮粥，于是知道有不实的情形，派侍中刘艾出朝责备有关官员。于是尚书令以上官员全部来到宫门谢罪，奏请抓捕侯汶，考按实情。献帝下诏说："朕不忍心将侯汶治罪，可以杖责五十。"从此之后，很多饥民得到保全。

生不逢时：逢，遇到。生下来没遇到好时机。比喻时运不济，遭遇坎坷。

挟（xié）天子以令诸侯：挟，挟持。挟持皇帝，用皇帝的名义发号施令。比喻借用领导的名义，按自己的意图去指挥别人。

邓禹列传

> 邓禹（2—58年），字仲华，南阳郡新野县（今河南省南阳市新野县）人，东汉开国名将。

● 名垂青史的元功

邓禹从小成绩优异，十三岁能背诵很多诗歌，后游学长安，遇到大他八岁的光武帝刘秀。邓禹当时还是少年，但一见到刘秀，就知道他不是普通人，倾心交往。

学业结束之后，两人各自回家。当时新朝皇帝王莽改革失败，天下大乱，很多人举荐邓禹，希望他加入更始帝领导的绿林军，邓禹认为更始帝难成大器，婉言拒绝。

昆阳之战中，刘秀击败王莽的四十万大军，被更始帝派往河北招抚当地人马，邓禹跋山涉水找到刘秀，想帮助他统一天下。

刘秀见到邓禹很高兴，问他："我可以独立任免官吏，你从远方过来，莫非是想做官吗？"邓禹说："不想。"刘秀说："如果是这样，那你想做什么呢？"邓禹说："希望明公的威望和恩德广施天下，我能够为明公尽一点力，在史书上流传功名罢了。"刘秀听后大笑。

邓禹接着献计说："更始帝占据关中，还有山东地区的赤眉军，力量都很强大，但彼此敌对，无法兼并对方。他们的将领也没有志向，军纪涣散。明公有昆阳之

▼ 邓禹求见光武帝

战的功劳，只要延揽英雄，收拾民心，建立汉高祖那样的功业，完全没有问题！"

刘秀大喜，经常和邓禹同吃同住，商议天下大事，并且要求僚属称呼他为邓将军。

有一次，刘秀攻占了一个县城，在城楼上研究地图，问邓禹："天下这么多州县，现在我也就得到这一个。你之前说我能平定天下，为什么呢？"

邓禹说："天下大乱，百姓们渴望圣君，就像小孩子思念母亲！得天下的关键，在于德行，而不是占领土地的大小。"刘秀很高兴。之后，刘秀任用将领，必定先问邓禹，凡经过他推荐的人，都十分称职。

24年，赤眉军西进，侵入更始帝的地盘，绿林军多次战败。刘秀估计长安一定会被赤眉军占领，想乘机夺取关中，于是任命邓禹为主将，全权指挥两万精兵。

邓禹领军翻过太行山，初战告捷，但很快与十多万绿林军遭遇，落了下风。军师劝邓禹撤兵，邓禹认为第二天是癸亥日，绿林军肯定不会进攻，于是抓紧时间休整部队、重新部署。

第三天，绿林军倾巢出动，邓禹下令全军静默，坚守不出，等到绿林军到了军营前，突然下令击鼓，本来悄无声息的军队骤然出击，全力反扑，大破绿林军。随即乘胜追击，平定了河东（今山西省一带）。

不久，刘秀在鄗（hào）邑称帝，派使者任命邓禹为主管财政的大司徒，封万户侯，在任命诏书中给予他很高的评价。当时邓禹才二十四岁。

平定河东后，邓禹率领士气正旺的军队继续西进，渡过黄河，进入陕西境内。更始帝派出十余万军队抵挡邓禹，被邓禹打败。

赤眉军乘虚攻破长安，更始政权自此灭亡。邓禹的部队军纪严明，所到之处，慰问百姓，百姓们欢欣鼓舞。

众将见局面大好，纷纷建言继续西进，与赤眉军争夺长安，邓禹说："赤眉军占领长安，获得很多物资，士气高涨。我军人数虽多，但战斗力弱，而且军需储备不足，不能与他们正面抗衡。不如转而北上，先收复陕西北部，趁机休养部队。等赤眉军内部分裂，就能不战而得到长安了。"后来的局势发展，果然与邓禹预计的一样。

26年春季，赤眉军离开长安，往西而去。邓禹进入长安，下令众将斋戒，选择吉日演习礼仪，拜谒汉高祖庙，将西汉十一位皇帝的神主收好，派使者送至洛阳，又命人在陵园巡逻看守。

邓禹恭敬地对待西汉皇帝陵园，意在表明光武帝政权与西汉一脉相承，明告天下百姓，从前那个繁荣昌盛的汉朝又回来了。

天下平定之后，光武帝大封功臣，邓禹获得很高的官爵。但他远离名位，让十三个儿子都学会一门手艺，以养家糊口。他在家教养子孙，整饬家规，以求成为后世的楷模，自己的用度也都来自封地的赋税，从不贪求财物。光武帝更加尊敬他。

光武帝去世一年后，邓禹也去世了，享年五十七岁。汉明帝即位后，追述先朝功臣，在洛阳南宫云台阁画下二十八位大将的画像，称为云台二十八将，邓禹名列首位。

经典原文与译文

【原文】光武见之甚欢，谓曰："我得专封拜，生远来，宁欲仕乎？"禹曰："不愿也。"光武曰："即如是，欲何为？"禹曰："但愿明公威德加于四海，禹得效其尺寸，垂功名于竹帛耳。"——摘自《后汉书·卷十六》

【译文】光武帝见到邓禹非常高兴，对他说："我可以独立任免官吏，你从远方过来，莫非是想做官吗？"邓禹说:"不想。"光武帝说:"如果是这样,那你想做什么呢?"邓禹说:"希望明公的威望和恩德广施天下,我能够为明公尽一点力,在史书上流传功名罢了。"

威加四海:四海,全天下。声名威望天下人都知道。

一脉相承:脉,血脉、血统。由一个血统或者一个派别世代相传承袭下来。比喻某种思想、学说或事物之间存在传承关系。

窦融列传

> 窦融（公元前16—62年），字周公，扶风郡平陵县（今陕西省咸阳市）人，西汉末年至东汉的军阀、名臣。

● 识时务者为俊杰

　　窦融出身豪门望族，从小没了父亲。王莽执政时，他凭借军功被封为男爵。后来，因为妹妹嫁给一位高官，窦融全家便迁居长安，窦融一边结交权贵，笼络豪杰，一边侍奉母亲，修养品行。

　　昆阳之战中，窦融所在的新朝军队被光武帝刘秀指挥的绿林军击败，窦融撤回长安，再次领兵讨伐起义军。不久，王莽败亡，窦融便识时务地向更始帝投降，被任命为巨鹿郡（今河北省南部）太守。

　　当时战火纷飞，窦融认为更始帝胸无大志，部下抢掠成性，政权绝不会长久；而窦融祖上好几代人曾经在张掖（yè）郡（今甘肃省中部）任职，对当地很熟悉，他于是与兄弟们商量说："目前局势不明朗，河西走廊很富裕，地理位置也重要，可谓兵精粮足。万一天下有变，那里进可攻，退可守。"兄弟们都认可他的分析，窦融便想方设法辞了巨鹿郡太守的职位，去张掖郡任职。

到了河西以后，窦融安抚当地的豪杰，联合附近的少数民族，训练军队，抵御羌（qiāng）族与匈奴，河西很快就人民富裕、地方安定。河西五郡的长官集体推举窦融为统管五郡的大将军，窦融成为名副其实的西北王。

刘秀称帝之后，窦融审时度势，开始尝试与他接触。但在窦融的东边，还有一个邻居叫隗嚣（wěi áo），占领天水郡（今甘肃省东部）闹独立。隗嚣表面向光武帝称臣，暗中准备割据，并派使者劝说窦融一起割据。窦融不为所动，毅然派人带着马匹进献给光武帝。光武帝很高兴，称赞他击败羌人、安定河西的功劳，赏赐两百斤黄金，任命他为凉州牧。

窦融刚刚明确自己的政治立场，隗嚣便公开造反，道路被阻隔。窦融一边派出信使绕道送信，表达对光武帝的忠心，一边马上召集河西五郡的人马，请求讨伐隗嚣。光武帝指示窦融与汉军东西对进，窦融随即率领军队进攻，攻占了一些城池，斩获一批俘虏。但因为迟迟不能与汉军会师，只好退兵。

不久，隗嚣主动进攻，光武帝决定御驾亲征，命令窦融在西边策应。因为遇到大雨，加上隗嚣撤退，光武帝便停止了进军。窦融认为应该一鼓作气，东西夹击，如果再耽误，恐怕会有变故，请求光武帝继续进军。光武帝采纳他的建议，西北军与中央军并肩作战，很快消灭了隗嚣。

窦融在平定西北之事上立下大功，光武帝给予了极高的封赏，他的众兄弟、众将、五个郡的太守都被封侯。窦融见自己功高位高，不能自安，多次请求辞职，光武帝一概不允，说："朕和将军的关系，就像左右手。你怎么老是想着辞职，不明白朕的心意呢？你要尽力安抚士人百姓，不要擅自离开自己的部队。"

几年后，光武帝平定了其他割据势力，召窦融入朝，窦融带着五位太守上路，跟随的车队有一千多辆，马、牛、羊遍野。到达洛阳后，窦融主动交出全部官爵的印绶，放弃在河西的一切权位和财富。光武帝善待功臣，归还他侯爵的印绶，以诸侯之礼接见，恩宠轰动了洛阳城。

窦融认为自己不是光武帝的嫡系旧臣，因此小心谨慎，明哲保身，多次上书要求退回封赏和官爵，光武帝却给予更高的礼遇，窦家成为京城显贵，一门出现一位公爵、两位侯爵、三名公主、四位二千石高官。

▲ 窦融请辞

　　汉明帝即位后，窦融年老，他的子孙在京城胡作非为，违法乱纪。明帝很生气，严厉处罚他们，只留窦融在京城，其他人或免官，或驱逐出京。62年，窦融在京城病逝，终年七十九岁。

经典原文与译文

　　【原文】融见更始新立，东方尚扰，不欲出关，而高祖父尝为张掖太守，从祖父为护羌校尉，从弟亦为武威太守,累世在河西,知其土俗,独谓兄弟曰:"天下安危未可知,河西殷富,带河为国。张掖属国精兵万骑,一旦缓急,杜绝河津,足以自守,此遗种处也。"——摘自《后汉书·卷二十三》

【译文】窦融见更始帝刚登位,东部地区还很乱,不想出函谷关,而他的高祖父曾经担任张掖郡太守,堂祖父担任护羌校尉,堂弟也担任武威郡太守,几代人在河西走廊,了解那里的风土习俗,他暗地对兄弟们说:"天下的安危还不能料定,河西走廊富庶,河流环绕,自成一国。张掖郡属国精锐骑兵上万人,一旦形势紧急,切断黄河上的渡口,足可以自我防守,这是保留宗族后裔的地方。"

识时务者为俊杰:时务,目前的客观形势或重大事件。能认清时代潮流的人,才算是英雄豪杰。

马援列传

> 马援（公元前14—49年），字文渊，扶风郡茂陵县（今陕西省兴平市扶风县）人，西汉末年至东汉初年将领，东汉开国功臣，汉明帝的岳父。

● 马革裹尸的开国名将

马援是战国名将、马服君赵奢的后裔，本来姓马服，后来简姓马。马援从小就有大志，哥哥曾经教他学习《诗经》，他不愿意学，想辞别哥哥去边郡谋事业，恰逢哥哥去世而中止。

后来，马援担任一个小官，因为私自放了押送的犯人，不得不逃亡到北部边境蓄养牛羊。他的身边慢慢地聚集了一批人，他常对身边人说："大丈夫立志，应该在困境时更加坚定，在年老时更加壮烈。"

由于马援善于经营，几年下来积攒了巨额财富，他说：

"钱财的作用在于周济别人,如果独自占有,不过是守财奴而已!"于是把财产全部分给朋友兄弟,自己却过着清贫的生活。

马援曾在新朝任职,王莽败亡之后,便逃亡到西部,得到军阀隗嚣(wěi áo)的重用。恰好蜀地军阀公孙述称帝,马援与公孙述有旧交,隗嚣便派遣他出使蜀地。马援认为公孙述没有前途,返回后建议隗嚣归顺光武帝。

隗嚣派马援出使洛阳拜见光武帝,最终同意归顺。马援便带领宾客先行赶赴洛阳,谁知隗嚣心存二意,起兵对抗朝廷。马援极为不满,上书朝廷自表忠心,积极游说隗嚣的部下追随光武帝。

32年,光武帝御驾亲征,但对于能否击败隗嚣没有十足的把握。马援正好奉命赶到,详细分析了敌我形势,认为隗嚣的军队已经分崩离析,此时进攻是最好的时机,并用米堆成沙盘,指点山川地形。光武帝对"堆米为山"的演示大为赞叹,立刻挥军直进,很快消灭了隗嚣。

西汉末年以来,西北的羌人屡屡侵犯边境。35年,马援担任陇西郡(今甘肃省东部)太守,负责平定羌人。马援带领三千名步骑兵,在羌人的地盘反复施展穿插、迂回、包抄等战术,带头冲锋,最终击败拥兵数万的羌人,缴获了大量粮食、牲畜,迫使他们往西撤退。

二十四史马上读，语文历史都进步

马援的小腿在征战中被弓箭射穿，光武帝得知后，赏赐牛羊数千头以表慰问，马援把牛羊全部分给了部下。

马援在陇西郡任职六年，恩威并施，当地人逐渐过上了安定的生活。有一次，县城外爆发了大规模械斗，百姓以为羌人造反，争先恐后朝城内涌入。县长闻变，请示关闭城门，并派士兵警戒。

正在饮酒的马援得知消息大笑，说："羌人根本不敢进犯，胆小怕死的人尽管躲到床下去。"很快械斗结束，大家发现是虚惊一场，不由得更加敬佩马援。

41年，马援刚回朝任职不久，交阯郡（今越南北部）发生叛乱，两名强悍的女将起兵造反，自立为王。光武帝任命马援为伏波将军，南征平叛。

马援选择绕开丛林山地，走海路迂回，直插叛军老巢，大败叛军，斩下两位头目的首级，送回洛阳。平定叛乱后，马援留下来治理地方，修治城郭、开凿水渠、灌溉田地，造福当地百姓；又参照汉朝的法律，对当地法律进行修改，申明约束，成为当地人始终奉行的准则。四年后返回京城。

48年，武陵郡（今湖南省西北部）的蛮人发生暴动，光武帝派出将军前去征剿，竟然全军覆没。马援当时已经六十三岁，主动请缨平叛。

光武帝担心他年事已高，马援说："臣还能披甲上马。"

马援求战

说完，当场身披铠甲、手持兵器，手扶马鞍，飞身而上，威风不减当年。光武帝连声叫好，派马援率领四万大军前去讨伐。

马援不顾年事已高，意气风发，经常亲自擂鼓，激励士气，将士们感动得热泪盈眶，击败了叛乱。马援不幸染上暑疫，在军中病逝，实践了自己死在战场的理想，终年六十四岁。

经典原文与译文

【原文】平陵人孟冀，名有计谋，于坐贺援。援谓之曰："吾望子有善言，反同众人邪？昔伏波军路博德开置七郡，裁封数百户；今我微劳，猥飨（wěi xiǎng）大县，功薄赏厚，何以能长久乎？先生奚用相济？"冀曰："愚不及。"援曰："方今匈奴、乌桓尚扰北边，欲自请击之。男儿要当死于边野，以马革裹尸还葬耳，何能卧床上在儿女子手中邪？"冀曰："谅为烈士，当如此矣。"——摘自《后汉书·卷二十四》

【译文】平陵人孟冀，以有计谋著称，在座位上祝贺马援。马援对他说:"我希望你有金玉良言勉励我,怎么反而同众人一样呢?从前的伏波将军路博德开边设置了七个郡,才封了几百户;现在我只有微小的功劳,却获封大县,功劳小、赏赐厚,哪里能长久呢?先生能用什么来帮助我吗?"孟冀说:"我没有想到。"马援说:"现在匈奴、乌桓还在北部侵扰,我想请求去讨伐他们。男儿应当死于边野,用马皮裹着尸体回来安葬,怎么能躺在床上要儿女们服侍呢?"孟冀说:"真正的烈士,应当是这样的。"

词语积累

马革裹尸:马革,马皮。战死沙场之后,用马皮包裹尸体。比喻作战英勇。

老当益壮:年纪大了,志向应该更加壮烈。比喻年龄虽大,但体力精神更加健旺。

恩威并施:施,用上。恩惠和威严同时使用。

梁冀列传

> 梁冀（jì）（？—159年），字伯卓，安定郡乌氏县（今宁夏回族自治区固原市境内）人，东汉外戚。

残暴跋扈的野心将军

梁冀的高祖父是东汉开国功臣梁统，父亲是汉顺帝朝的大将军梁商，妹妹是汉顺帝的皇后。

梁冀身为外戚，在将军府里长大，从小不学无术，说话含糊不清，是个好酒贪杯、赌博游乐、打猎斗鸡的花花公子。他最初凭借恩荫入仕，入宫任职，始终在皇帝身边侍奉，得以步步高升。

136年，梁冀担任河南府（今洛阳市）府尹，在职期间残暴不堪，民愤极大。梁商的亲信吕放担任洛阳县县令，报告了很多梁冀不好的事情，梁冀因此被父亲责备。

后汉书·梁冀列传

为了泄愤,梁冀派人刺杀吕放,并栽赃给吕放的仇家,又借机杀害了仇家整个宗族和一百多位宾客。梁商去世后,梁冀继任大将军之职。

几年之后,顺帝去世,他年仅两岁的儿子汉冲帝即位。梁冀的妹妹成为梁太后,执掌朝政,让梁冀与太尉李固等人总领尚书事务。梁冀虽然推辞不肯担任,但更加奢侈残暴。

▼汉质帝指责梁冀是跋扈将军

几个月之后,汉冲帝驾崩,梁冀拥立只有八岁的刘缵(zuǎn)为帝,是为汉质帝。质帝年少聪慧,见梁冀独断专行,很是气愤。

有一天在朝堂上,质帝当着文武百官的面,指责梁冀是个跋扈(hù)将军。梁冀听后,十分痛恨,担心将来不好控制质帝,就命令亲信在质帝的食物中下毒。

药效发作,质帝急忙召太尉李固,说:"朕吃了汤饼,觉得肚子堵闷,给朕水喝,朕还能活。"一旁的梁冀连忙阻止道:"不能喝水,喝水会呕吐!"

话还没说完,质帝就驾崩了,在位仅一年半。李固要求调查质帝之死的真相,梁冀开始痛恨他。

李固担心梁冀又要拥立年幼者当皇帝,于是和其他几位大臣联名写信,希望能立年龄稍长且名望颇高的刘蒜为帝。梁冀担心刘蒜即位对自己不利,为了长保富贵,让梁太后直接罢免了李固。

随后,梁冀拥立十五岁的刘志为帝,是为汉桓帝。桓帝愿意迎娶梁太后的妹妹为皇后,梁家的权势于是更加巩固。不久,梁冀诬陷李固,李固死于狱中。

150年,梁太后去世,朝中大事完全由梁冀一人说了算,他更加肆无忌惮地搜刮民脂民膏,侵占别人的财产。有一位富豪叫孙奋,梁冀送他几匹马,趁机借五千万钱,孙奋只借了三千万。

梁冀很生气,抓了孙奋的母亲,诬陷她曾经偷窃梁家的财产,并将孙奋众兄弟抓起来严刑拷打,直至打死,最终吞并了孙奋的全部财产。

梁冀又修建兔苑,绵延几十里,历时数年才修成;他下令从全国收集兔子,在兔子身上烙上专属记号,谁要是杀了带烙印的兔子,就处死谁。

一个外国商人不知道这条禁令,误伤了一只兔子,被人告发,牵连致死的人有十几个。

梁冀大规模修建府邸,他的妻子孙寿也霸占整条街道修建宅邸,两人相互夸耀攀比。梁冀搜罗全国各地的奇珍,亭台楼阁,假山怪石,奇花异草,宛如仙境;又在家中蓄养很多歌伎,日夜歌舞,酣醉不休;又修建林苑,方圆上千里,全部是侵占的民田。

梁冀掌权近二十年,宫廷内外无人敢正视他,桓帝大权旁落,什么事都不能过问,对他日益不满。

桓帝宠爱邓贵人,梁冀想巩固自己的权势,提出收邓贵人为女儿,让她改姓梁。梁冀担心邓贵人的母亲不同意此事,于是派出刺客刺杀她,谁知刺客被抓住,供出梁冀在背后指使。

桓帝知道后大怒,当即下诏罢免梁冀,调集军队将梁府包围。梁冀心里明白自己得罪的人太多,他见大势已去,与妻子双双自尽。

梁冀死后,满门老少全部被抄斩,他的亲信党羽遭到清算,三百多名同党官员被罢免。梁家全部财产被没收,数额有三十多亿,朝廷因此减免天下百姓一半的租税。所有诛杀梁冀有功的人,也都被封赏加官。

经典原文与译文

【原文】及帝崩,冲帝始在襁褓(qiǎng bǎo),太后临朝,诏冀与太傅赵峻、太尉李固参录尚书事。冀虽辞不肯当,而侈暴滋甚。冲帝又崩,冀立质帝。帝少而聪慧,知冀骄横,尝朝群臣,目冀曰:"此跋扈将军也。"冀闻,深恶之,遂令左右进鸩(zhèn)加煮饼,帝即日崩。——摘自《后汉书·卷三十四》

【译文】等到汉顺帝驾崩,汉冲帝还年幼,梁太后掌控朝政,诏命梁冀和太傅赵峻、太尉李固总领尚书事务。梁冀虽然推辞不肯担任,但更加奢侈暴虐。汉冲帝又驾崩后,梁冀拥立汉质帝。质帝年幼却聪慧,知道梁冀骄横,曾经在群臣朝会时,看着梁冀说:"这是专横跋扈的将军。"梁冀听了,非常痛恨他,就让侍从把鸩毒加到煮饼里给质帝吃,质帝当天驾崩。

专横跋扈:专断蛮横,霸道不讲道理。

郑玄列传

> 郑玄（127—200年），字康成，北海郡高密县（今山东省高密市）人，东汉末年经学大师。

统一汉代经学的大师

郑玄自幼聪明好学，学习并精通算术和儒家五经。由于家境贫寒，十几岁的郑玄在当地做了负责收税的乡啬（sè）夫。参加工作之后，郑玄依然坚持学习，休假回家就直奔学校求学，不愿意当小吏。父亲因此屡屡生气，但他不为所动。

郑玄无意于升官发财，最终入太学，先后拜第五元先、张恭祖为师，系统学习了其他儒家经典。

这时，郑玄的经学造诣已经很高，在山东（今崤山以东）地区已经无人能及，但他仍不满足，通过朋友找到关西（今函谷关以西）地区著名的经学大师马融，向他学习。

马融有好几百名弟子，一向自视很高，新来的弟子只能跟随师兄学习。郑玄学习了三年，连马融的面都没有见过，但他依然日夜努力，从不懈怠。

有一次，马融遇到了一个难题无法解开，弟子们推荐郑玄，说他精通算术。郑玄被请来，圆满解决了问题后，趁机向马融请教疑问，问完之后请求回家。

马融对弟子们说："现在郑玄返回家乡，我的儒家之道从此传往东方了。"

郑玄在外游学十多年，已经成为经学大师，但依然贫穷，他一边种田维生，一边教授门徒。168年，年仅十二岁的汉灵帝即位，宦官与士大夫之间的矛盾已经很尖锐，汉灵帝偏向宦官，公开抓捕、处死、禁锢大量士大夫，这就是第二次"党锢之祸"。

郑玄由于曾经受到士大夫的赏识与提携，被视为"党人"，也一并被禁锢，不准入仕为官。

自从汉武帝"罢黜百家、独尊儒术"以来，儒家思想取得统治地位。传授儒家经典的学派，分为今文经学和古文经学两派。今文经学早出，首先居于主导地位，然而到了西汉末年，逐渐式微，古文经学后来居上，在民间的影响力越来越大。郑玄的老师马融，就是著名的古文经学大师，郑玄也成为古文经学的集大成者。

但是，郑玄不存门户之见，利用被禁锢的时间，收罗百家观点，实事求是，严谨治学，同时吸取今文、古文两派的长处，对两种经学进行了全面总结，以遍注群经的方式，撰写了几百万字的学术著作，最终创立了"郑学"，将经学推向统一。

此后，今古之争彻底终结，汉代经学就此衰亡，由"郑学"取而代之，对后世产生了巨大影响。

184年，黄巾起义爆发，汉灵帝为了团结士大夫，镇压起义，赦免了党锢之祸中的所有人。这时，郑玄早已名声在外，朝廷多次征辟他入朝担当要职，他既不愿为官，也不愿意与宦官为伍，多次拒绝。

第二年，执掌朝政的大将军何进再次征辟郑玄，并下令地方官实施威胁，郑玄没有办法，只好动身入京。何进给予他优厚的礼遇，但郑玄坚持学者本色，不接受朝服，只是身着普通儒士的装扮去见何进，住了一宿便赶紧回家了。

此后十年，朝廷依然屡屡征辟郑玄，郑玄一概不就，安心隐居家乡，授徒著述，弟子遍布天下，也受到广泛的尊重。

有一年，郑玄在外讲学结束，返回家乡，在路上遇到

▲ 郑玄讲学回乡

大批起义的黄巾军。黄巾军听说是郑玄，纷纷前来拜见，相互约定不要进入他的家乡高密县侵扰。

197年，大军阀袁绍派遣使者邀请郑玄，并举行盛大的宴会招待他。袁绍的很多宾客都是俊秀豪杰，很有才气而且善辩，见到郑玄后，竞相提出种种怪异的说法，向他发难。

郑玄逐一回答，提出的见解都是以前不曾听说的，在座的宾客全部为之叹服。

200年春天，郑玄已经七十四岁，身体不适，梦见儒家创始人孔子对他说:"快起来,快起来!今年是龙年,明年是蛇年。"古代有龙年、蛇年对圣贤不利的说法,郑玄认为自己将不久于人世。

很快,官渡(今河南省中牟县境内)之战爆发,袁绍为壮大声势、争取民心,逼迫郑玄随军出征。郑玄无奈,抱病出行,走到半路病重去世。郑玄的葬礼办得很简单,但前来送葬的官员及弟子却有一千多人。

经典原文与译文

【原文】时大将军袁绍总兵冀州,遣使要玄,大会宾客,玄最后至,乃延升上坐。身长八尺,饮酒一斛(hú),秀眉明目,容仪温伟。绍客多豪俊,并有才说,见玄儒者,未以通人许之,竞设异端,百家互起。玄依方辩对,咸出问表,皆得所未闻,莫不嗟(jiē)服。——摘自《后汉书·卷三十五》

【译文】当时,大将军袁绍在冀州统领军队,派使者邀请郑玄,大宴宾客,郑玄最后才到,被请到上座。郑玄身高八尺,能喝一斛酒,眉眼清秀,容貌温和。袁绍的宾客中有许多才智杰出之士，且很有口才，他们见郑玄是个儒生，不认为他是个学识渊博的人，竞相提出一些怪异的问题，各种学派的观点交替提出。郑玄依照儒家学说答辩应对，内容都超出了问题本身，大家都得到了闻所未闻的知识，在座之人无不叹服。

学识渊博： 渊，深；博，广。指学识深厚广博。

能言善辩： 善于言谈和辩论。形容口才好，善于辩论。

郑玄家婢： 婢，奴婢。郑玄家的奴婢都读书。比喻知书达理的奴婢。

班固列传

> 班固（32—92年），字孟坚，扶风郡安陵（今陕西省咸阳市）人，东汉著名史学家、文学家，与司马迁并称"班马"。

● 续写《史记》，重塑汉德

班固出身儒学世家，父亲和伯父都是当时有名的学者。父亲班彪晚年潜心续写《史记》，班固受其影响，开始留意历史。

班固十六岁来到洛阳，进入太学学习，刻苦钻研经书典籍，不仅读懂注解，还力求贯通经籍的大义。等到从太学毕业，他已经有了十分出众的才华与学识。

54年，班彪去世，班固回到故乡。他发现父亲撰写的《史记后传》没有完成，而且许多地方不够详细，决定利用家中的藏书，重新编写《汉书》。

正当班固全力撰写《汉书》时，有人向朝廷控告他私修国史。私修国史在当时是重罪，班固直接被关进了监狱，所有书籍资料也被查抄。

弟弟班超担心班固被屈打成招，急忙赶到京城向汉明帝上书鸣冤，将父子二人几十年修史的辛劳以及宣扬"汉德"的宗旨如实汇报。

明帝看了班固的书稿，对他的才华惊叹不已，连忙下令释放他，并任命他为掌管和校订皇家图书的兰台令史。

班固受命与其他学者一起撰写光武帝刘秀的《世祖本纪》。修成之后，明帝很高兴，提拔班固担任校书郎。班固有机会读到皇家藏书，为完成《汉书》提供了重要条件。明帝让他继续撰写光武帝一朝其他大臣的传记，班固完成得很出色。明帝见班固才华卓越，又有独立修史的宏愿，便诏令他继续完成《汉书》。

不久，明帝下令疏浚护城河、修缮城墙、重整皇宫，但关中地区的老人都怀念故都长安（今西安市）的繁荣，希望朝廷将都城迁回去。班固献上《两都赋》，歌颂光武帝中兴汉室的功勋，盛赞洛阳的建筑规模得体，驳斥了迁都长安的议论。

74年，明帝召集众臣，讨论司马迁在《史记》中对秦始皇的赞语有无不当之处，班固马上指出其中一项错误，

▲ 班固受诏写作《汉书》

事后又写下史论《秦纪论》,进一步阐明秦朝灭亡的原因以及必然性。

  第二年,汉章帝即位。章帝对经学文章有着浓厚的兴趣,更加重用班固,经常召他进宫讨论学问,外出巡守时也让班固随行,进献赋文助兴,还经常让他参加讨论国家大事。但班固的官职一直得不到升迁,于是班固写作《答宾戏》,抒发内心的苦闷,同时激励自己奋斗不止。章帝读到这篇赋文,马上给他升了官。

  79年十一月,章帝亲自在白虎观主持会议,召集全国的大儒和著名学者，讨论"五经"异同。班固以史官兼记录的身份出席会议，事后根据大家的发言和章帝的意见，撰成《白虎通德论》（又名《白虎通义》）一书，集当时经学之大成。

82年，班固在历时二十多年后，初步完成了《汉书》的编撰，实现了父子两代人的心愿。《汉书》发行之后，当即受到朝廷重视，学者们争相诵读。其中，八个表和《天文志》，在班固去世之后，分别由他的妹妹班昭、弟子马续完成。

89年，车骑将军窦宪出征北匈奴，班固担任中护军，参与军中谋议。汉军出塞三千余里，大破北匈奴，登上燕然山（今蒙古国杭爱山），刻石记功；班固奉命写作《封燕然山铭》，镌于石上，然后班师回朝。

班、窦两家本有世交，班固顺理成章进入窦宪幕府。窦宪身为外戚，平定北匈奴立下战功，威名日重，开始自我膨胀。

92年，窦宪密谋叛乱，事情被发觉，汉和帝诛灭窦氏，班固受株连被免官。

洛阳县县令种兢（jīng）与班固有仇，趁机陷害他。班固被捕入狱，最终死于狱中，享年六十一岁。

经典原文与译文

【原文】固以为汉绍尧运,以建帝业,至于六世,史臣乃追述功德,私作本纪,编于百王之末,厕于秦、项之列,太初以后,阙而不录,故探撰前记,缀集所闻,以为《汉书》。起元高祖,终于孝平、王莽之诛,十有二世,二百三十年,综其行事,傍贯五经,上下洽通,为《春秋》考纪、表、志、传凡百篇。固自永平中始受诏,潜精积思二十余年,至建初中乃成。——摘自《后汉书·卷四十上》

【译文】班固认为汉朝上承帝尧的德运,因此创建了帝业,一直到第六位皇帝汉武帝时,史臣司马迁才追述功勋德业,私自写作《本纪》,将汉朝皇帝编写在上古百王的末尾,与秦朝、项羽同列,汉武帝太初年间之后,空缺没有记载,故而探究编次之前的记载,连缀汇集听到的史实,创作了《汉书》。从汉高祖起,至汉孝平帝、王莽被诛杀为止,共十二代帝王,二百三十年,综合这些史事,按照"五经",上下贯通,模仿《春秋》写作本纪、表、志、传总共一百篇。班固从汉明帝永平年间开始接受诏令,专心钻研二十余年,到汉章帝建初年间才完成。

 词语积累

才华横溢：横溢，充分流露。才华充分显露出来。

燕然勒石：在燕然山刻石记功。比喻保卫国家，在边疆立下战功。

下笔不休：拿起笔写作时漫无边际，没有扣紧主题。后来形容文思如泉涌。

不分伯仲：伯，兄弟排行中的老大；仲，兄弟排行中的老二。分不出谁是老大，谁是老二。形容才能不相上下。

班超列传

> 班超（32—102年），字仲升，扶风郡安陵人，东汉著名军事家、外交家。

● 弃笔从戎，平定西域

班超是学者班彪的小儿子，史学家班固的弟弟。受家庭浓厚书香气息的影响，班超自幼博览群书、文采出众，志向远大，而且口才极好。

班固入朝为官，班超与母亲一起跟随来到京城洛阳。为了奉养母亲，班超为官府抄写公文，补贴家用。抄书是一份比较机械的工作，辛苦而且没有前途，班超志在远方，总想出去闯荡。

有一次，班超抄写公文很疲惫，将笔一扔，激昂陈词："大丈夫即使没有什么突出才能，也应该效仿傅介子、张骞，在异域立功，得以封侯，怎么能一直在笔砚之间打转呢？"

身边的同事纷纷笑话他，班超说："凡夫俗子怎么能懂得勇士的志向呢！"说完扬长而去。

西汉末年，随着中央政府衰弱，西域各国逐渐脱离汉朝的掌控，北匈奴乘虚而入，在当地得到大量人力、物力的支持，经常侵犯汉朝边境。

73年，汉明帝在经过多年准备之后，集结四路大军出击北匈奴，班超跟随将军窦固出征。班超作战勇猛，独自率领一支军队攻打伊吾（今哈密市伊吾县），大败敌军。

窦固十分赏识班超的才能，命令他带领一支三十六人的使团出使西域各国，通过外交手段分化北匈奴势力，打通丝绸之路。

班超首先到达鄯（shàn）善国（今新疆维吾尔自治区若羌县一带），鄯善国王热情接待，但不久后态度突然冷淡下来。班超猜测北匈奴使团也到了，便召集三十六人喝酒，说："诸位跟随我跑到这么远的地方，都想通过立功获得荣华富贵。现在北匈奴使者刚到，鄯善王就疏远我们，如果他把我们绑到北匈奴去，该怎么办？"

众人齐声说："事情都到了这一步，我们都听你的！"班超说："不入虎穴，焉得虎子！今晚我们放火突袭北匈奴使者，让鄯善国王断了念想！"

当晚，班超带领三十六名勇士直奔北匈奴人营地，布

▲ 班超出使西域

置一番后，顺风纵火，三十六人齐声呐喊，声势震天，北匈奴使者乱成一团，班超亲手斩杀三人，其余人全部被杀或被烧死。

第二天，班超提着北匈奴使者的头去见鄯善国王，鄯善国王当场被震慑，立即表示归附汉朝，把自己的儿子送去京城做人质。

窦固见班超圆满完成使命，向明帝详细奏报他的功劳。明帝很高兴，亲自指派班超再次出使西域。窦固想给班超增派人马，班超认为三十六人都是精兵强将，无须增派。

这一次,班超首先来到于阗(tián)(今新疆维吾尔自治区和田地区),恰逢于阗国王刚刚获得一场胜利,又依仗北匈奴的支持,对班超很冷淡。于阗国人迷信巫术,有位巫师借口神灵发怒,要杀班超的马祭祀。

班超假装同意,要求巫师亲自来取马。等到巫师到达,班超立刻拔剑砍下巫师的脑袋。于阗国王早就听说了班超在鄯善国的事迹,见到巫师的首级,连忙宣布归降汉朝,班超重赏于阗国王和他的臣子。消息传出,西域各国纷纷派出王子入朝为质,西域与汉朝中断了六十多年的关系正式恢复。

75年,明帝驾崩,几个小国趁机反叛汉朝,西域陷入混战。新即位的汉章帝担心班超独木难支,让他回国。亲近汉朝的疏勒国听说了消息,举国震惊,一名都尉甚至当场自杀;班超到达于阗国,百姓们死死抱住班超的马腿,不让他走。

班超想起自己未实现的抱负,毅然掉转马头,从服从汉朝的国家调集军队,征讨叛乱。坚持两年多之后,班超控制了局面,于是上书朝廷,全面分析了西域的局势,提出"以夷制夷"的战略。

章帝十分认可,分两次共增派一千八百余人,让他大展拳脚。到94年,班超平定了西域最后三国,至此,西域五十多个国家全部归附汉朝。朝廷为了表彰班超的丰功伟绩,封他为定远侯,班超实现了异域封侯的理想。

班超继续治理西域,并于97年派遣甘英前去访问大秦(罗马帝国),甘英走到波斯湾返回。100年,已近古稀之年的班超上书朝廷:"不敢望到酒泉郡,但愿生入玉门关。"汉和帝深受感动,同意班超返回洛阳。102年,班超在洛阳逝世,享年七十一岁。

经典原文与译文

【原文】永平五年,兄固被召诣校书郎,超与母随至洛阳。家贫,常为官佣书以供养。久劳苦,尝辍业投笔叹曰:"大丈夫无它志略,犹当效傅介子、张骞立功异域,以取封侯,安能久事笔砚间乎?"左右皆笑之。超曰:"小子安知壮士志哉!"——摘自《后汉书·卷四十七》

【译文】汉明帝永平五年,班超的哥哥班固被召入朝担任校书郎,班超和母亲跟随他来到洛阳。因为家中贫寒,班超经常接受官府雇用,以抄书来供养母亲。长期劳苦,他曾经停止做事,放下笔感叹道:"大丈夫即使没有突出才能,也应该效法傅介子、张骞,在异域立功,得以封侯,怎么能长久地在笔砚间打转呢?"身边的同事都笑他。班超说:"凡夫俗子怎么能理解勇士的志向呢?"

弃笔从戎: 放下毛笔投军。指文人弃文就武。

大展拳脚: 极大地伸展拳头和脚。比喻放开手脚大干一场。

生入玉门关: 玉门关,位于今甘肃省敦煌市西北方,是汉朝通往西域的门户。班超在西域半辈子,年老后思念故土,希望活着回到家乡。

不入虎穴,焉得虎子: 不进老虎窝,怎么能抓到小老虎。比喻不身入险境,就不能取得成功。

二十四史马上读,语文历史都进步

王充列传

> 王充(27—约97年),字仲任,会稽郡上虞县(今浙江省绍兴市上虞区)人,东汉思想家、文学批评家。

❀ 求真的思想家

王充出身贫寒,从小聪明好学,很爱读书,非常博学,而且书法进步很快。他学习《论语》《尚书》,一天能背诵一千字。王充十一岁时,父亲去世,他侍奉母亲十分孝顺。

王充十几岁时到京城洛阳游学,遇到大学者班彪。当时,班彪正有志于续写《史记》,他的儿子班固跟随在身边学习。

王充见到班固,抚着他的背预言说:"这个孩子将来必定能著成汉朝的史书。"

游学几年之后,王充先后在县、郡担任属官。因为性格直率,他多次与上司发生争执,只好辞职回家隐居,从事著述,先后写下十二篇《讥俗节义》,以及皇帝如何为政的《政务》。

54年,王充再次前往洛阳,进入太学学习,拜班彪为师。王充在太学博览群书,不拘泥于段落章句,很有自己的思想。因为没钱买书,他经常到书店读书,只要看上一遍,就能背下来,因此通晓各家学说。

几年之后,王充回到家乡,一面教授生徒,一面著述。王充喜欢辩论,他的话开始听起来好像是诡辩,最后却是有理有据。

王充认为见识浅薄的儒生拘泥文字,很多解释经常失去原意,于是他闭门研究学问,谢绝婚庆、吊丧等礼节往来,在家里窗户上、门上和墙上都放着刀和笔。最后他著成《论衡》一书,共计八十五篇,二十多万字。

西汉初年,汉武帝为了统一思想,采纳董仲舒"罢黜百家、独尊儒术"的建议,儒家思想成为主流思想。董仲舒同时提出"天人感应""君权神授"的主张,为统治者的统治提供理论依据。

经过统治者的刻意提倡,儒家思想逐渐与当时流行的谶(chèn)纬思想结合,逐渐神学化,儒家学说披上了神秘主义的色彩。

王充写作《论衡》,旨在对谶纬思想和神秘儒术进行

王充写作《论衡》

批判。"衡"的本义是天平，引申为评价标准，"论衡"就是评价当时各种言论的标准。

王充高举唯物主义旗帜，认为世界由物质构成，对天道、鬼神、祥瑞、符命等事件进行猛烈批评。

比如，《史记》记载，汉高祖是他母亲在野外与龙交合后生的，王充就说："龙是动物，人是人，动物怎么能跟人交合呢，又怎么能生下人呢？"

由于《论衡》公然反对儒家正统思想，一直遭到当时及历代统治者的攻击和禁锢，被视为异端。王充敢于在当时的语境下独立思考，大胆提出自己的观点，更加体现了他作为思想家的伟大。

《论衡》建立了比较完整的唯物主义体系，成为我国思想史上划时代的杰作，为新道路的开辟提供了锐利的思想武器。后世的思想家如何承天、范缜、刘禹锡、柳宗元、王夫之等人，都受到它的影响。

此后，王充担任了几年州属官，辞官回家。王充的朋友向朝廷推荐他，汉章帝特派公车来接，王充因病没有成行。

汉和帝永元年间，王充年近七十岁，在家中写完十六篇《养性书》，不久病逝。

二十四史马上读，语文历史都进步

经典原文与译文

【原文】充好论说，始若诡异，终有理实。以为俗儒守文，多失其真，乃闭门潜思，绝庆吊之礼，户牖（yǒu）墙壁各置刀笔。著《论衡》八十五篇，二十余万言，释物类同异，正时俗嫌疑。——摘自《后汉书·卷四十九》

【译文】王充喜欢辩论，他的话开始听起来像是诡辩，最后却很有道理。王充认为见识浅薄的儒生拘泥文字，很多解释失去原意，于是闭门研究学问，谢绝婚庆、吊丧礼仪的往来，家中的窗户上、门上和墙上都放着刀和笔。王充写下《论衡》八十五篇，二十多万字，解释万物的异同，纠正时俗的疑难。

牛刀割鸡：用宰牛的刀杀鸡。比喻大材小用。

饭坑酒囊（náng）：囊，袋子。肚子是饭坑，肠子是酒囊。比喻只会吃喝、不会做事的无能之辈。

青蝇点素：青蝇，苍蝇，比喻进谗言的人；素，白色的生绢。苍蝇玷污了白色的绢。比喻小人用谗言陷害好人。

穿井得人：穿井，打井。打井之后，省出一个劳力，却误传成打井时挖得一个人。比喻话传来传去而失去真相。

闭目塞听：塞，堵塞。闭上眼睛不看，堵住耳朵不听。形容对外界事物采取不过问的态度。

杨震列传

> 杨震（？—124年），字伯起，弘农郡华阴县（今陕西省华阴市）人，东汉名臣。

● 清廉公正的"四知先生"

杨震的八世祖杨喜，是汉高祖的开国功臣，获封侯爵。高祖父杨敞，在汉昭帝时担任丞相。父亲杨宝，学问很好，不爱做官，一直过着隐居生活。

杨震从小非常好学，博览群书，通晓经术，是当地很有名的经学大师，有"关西孔子"之称。

杨震受父亲的影响，淡泊名利，常年隐居。几十年里，州郡不间断请他做官，都被他拒绝。等到年纪很大了，很多人都说他应该出来做官了，他仍然不以为然。

有一回，一只冠雀衔着三条鳝（shàn）鱼飞到讲堂前面，讲课的老师说："鳝鱼是卿大夫的象征，三条表示三台（汉代称尚书为中台、御史为宪台、谒者为外台），看来先生从此要高升了。"

杨震这才到州郡任职，时年五十岁。大将军邓骘（zhì）早就听说杨震的贤能，不断举荐他，杨震连连升迁。

有一回，杨震在就任途中路过昌邑县（今菏泽市巨野县），之前他举荐的一个秀才正好在昌邑县当县令，听说杨震来了，县令想报答举荐之恩。

这天晚上，县令拿着十斤黄金送给杨震，杨震说："我了解你，你却不了解我，这是为什么呢？"县令说："深更半夜，不会有人知道。"杨震说："天知，神知，我知，你知，怎么能说没人知道呢？"县令惭愧地回去了。杨震从此被称为"四知先生"。

杨震为官公正清廉，子孙们衣食都很普通，出入没有车马。有人劝说杨震多置办一些产业留给子孙，杨震说："让后世称赞他们是清廉官员的后代，难道不更好吗？留下这样的好名声给他们，难道不丰厚吗？"

几年后，杨震入朝为官，升任九卿之首的太常，主管文教工作，他大力举荐通晓经术的名儒，受到学生们的称赞。

121年，邓太后去世，汉安帝身边的一些人开始骄横起来。安帝的奶娘因为养育有功，横行霸道，她的女儿出

▲ 杨震拒受黄金

入宫中,贪赃枉法。

杨震上书说:"自古以来,妇人都不得干政,治理国家要靠人才,必须除去那些害虫。"又列举古代君王任用贤人的例子,希望安帝让奶娘离开皇宫。奶娘知道后,对杨震怀恨在心。

后来,奶娘的女儿与一位已故侯爵的远房堂兄勾搭成奸,安帝便让这位堂兄违制承袭了侯爵。杨震坚决反对,认为爵位应该赐给功臣,皇帝应该带头遵守,不能滥赐爵位,上书劝诫,但安帝没有理会。

三年后,杨震做了太尉,掌管军事大权。安帝的舅舅想让他推荐一个人当官,杨震没有听从。皇帝的舅舅亲自跑来对他说:"这个人是皇帝的亲信,我只不过是传达皇上的意思罢了。"杨震说:"如果是皇上想提拔,应该有文书。"说完便走了,此举又得罪了皇帝的舅舅。之后,皇后的哥哥向杨震推举亲友,杨震也没有答应。

由于安帝连续拒绝杨震的谏言,那些被他弹劾的人更加肆无忌惮,伪造皇帝诏书,征调国库钱粮,大肆修建宅邸,圈占园林,花费的人力、财力不计其数。

不久发生地震,杨震借机上疏,揭露这些人的罪责,言辞很激切。安帝看了奏章,很不高兴,但因为杨震名望太高,不敢拿他怎么样。

第二年,安帝出宫巡视,几位宠臣趁机伪造诏书,挪用国库钱财,为自己大修府第。杨震派人调查,获得了他们的伪诏,马上写好奏折,准备等皇帝回来报告。那些人知道后,十分害怕,一起诬陷杨震。杨震被罢官,遣回原籍。

杨震走到洛阳城郊,慷慨激昂地对儿子、学生们说:"人必有一死,我受朝廷之恩,身居高官,却不能铲除奸臣,还有什么面目苟活于世呢?"说完服毒自杀,终年七十多岁。杨震留下遗命,只用杂木作棺,用布包裹尸体,不归葬家乡,不举行葬礼。

安帝驾崩，汉顺帝继位，处死了那些结党营私的人。杨震的学生上书朝廷，申诉冤情，顺帝下令任用杨震的两个儿子为官，厚葬杨震。

据说，杨震下葬前十几天，有一只一丈多高的大鸟飞到灵柩前，俯仰悲鸣，眼泪流到地上，直到葬礼结束才离去。后人为了纪念杨震，在他的墓旁立了一个石鸟像。

杨震清廉公正，一直被后世颂扬，他留给后人的精神财富，让他们受用无穷。隋朝开国皇帝杨坚，就是杨震的直系子孙。

经典原文与译文

【原文】当之郡，道经昌邑，故所举荆州茂才王密为昌邑令，谒见，至夜怀金十斤以遗（wèi）震。震曰："故人知君，君不知故人，何也？"密曰："暮夜无知者。"震曰："天知，神知，我知，子知。何谓无知！"密愧而出。——摘自《后汉书·卷五十四》

【译文】杨震上任途中，经过昌邑县，之前他举荐的荆州秀才王密担任昌邑县县令，前来拜见杨震，到了晚上怀揣十斤黄金送给杨震。杨震说:"我了解你,你却不了解我,为什么呢?"王密说:"深更半夜,不会有人知道。"杨震说:"天知,神知,我知,你知。怎么能说没有人知道呢?"王密惭愧地回去了。

暮夜却金: 却,拒绝。杨震深夜拒绝贿赂的黄金。比喻正直无私,不贪受财物。

博览群书: 博,广泛。广泛地阅读各种书籍。形容读书很多,知识丰富。

公正廉洁: 廉洁奉公,不徇私情。

二十四史马上读，语文历史都进步

张衡列传

> 张衡（78—139年），字平子，南阳郡西鄂县（今河南省南阳市卧龙区）人，东汉杰出的天文学家、数学家、发明家、文学家。

◆ 全能型发明家

张衡的家族是当地的大姓，张衡的祖父张堪从小就有"圣童"之称，是光武帝的开国功臣，北击匈奴，南平蜀地，可谓文武全才。张衡受祖父影响，从小刻苦学习，少年时就会做文章。

张衡十几岁时，到长安游学，增长了不少见识，又到京城洛阳，进入太学学习，结识了许多学者。张衡自学五经、六艺，擅长诗歌、赋文，对数学、天文、地理以及机械等都十分精通。张衡虽然多才，却一点也不骄傲，淡泊名利，官府几次征召他做官，都被他推辞了。当时国家长期太平无事,王公贵族们奢侈成风,张衡仿照文学家班固的《两都赋》,花十年时间创作《二京赋》,以讽谏朝廷。

汉安帝听说张衡擅长数学,封他为太史令,掌管史事、历法。张衡曾两次担任这个职务,前后共十四年。任职期间,他潜心研究天文历法,写作《灵宪》《算罔论》等专著。他在《灵宪》中提出了"浑天说",指出"浑天像一个鸡蛋,大地是鸡蛋里的蛋黄,独自存在于天里面,天要比地大。天包着地,就像蛋壳包着蛋黄"。浑天说虽然有一定的局限,但比当时流行的盖天说进步不小,更能清楚地解释很多天象。到了唐代,经过历代天文学家的努力,浑天说彻底战胜了盖天说,在我国古代天文学领域称雄上千年。

张衡根据"浑天说"理论,改进了浑天仪,用来测量天象,演示天体的运行,这是世界上第一台能够比较准确地观测天体的仪器。张衡又根据测量数据,改进历法,使得历法越来越精密。

132年,张衡又制作了候风地动仪。它用纯铜制成,顶盖突起,像一个酒樽,中间有大柱,旁边分出八条轨道,安有机关。八条轨道对应八个方位,每个方位均有一条口含铜珠的龙,每条龙的下方有蟾蜍。如果哪个方向发生地震,这个方向龙口里的铜珠就会掉落到蟾蜍口里,发出激扬的

▲ 张衡发明候风地动仪

声音，提醒观测者那个方位发生了地震。这种方法是之前所有书籍都不曾记载过的，却十分灵验。

  有一回，某个方向的机关发动，龙珠掉下，但人们没有感觉到地动，许多人都说不灵验。几天之后，驿站送信到京城，果然在那个方向发生了地震，大家这才感叹地动仪的精妙。自此以后，史官们根据地动仪的活动来记载地震。地动仪是世界上地震仪之祖，直到一千八百年之后，国外才开始有类似仪器。

  光武帝刘秀在称帝之前，曾经有预言说"刘秀当为天子"，后来果然当了皇帝，于是他很喜欢这类预言。受此影响，后来的皇帝也迷信这种学说。儒生们更加牵强附会，借用谶纬学说妖言惑众。张衡上书说："这些都是虚妄之说，所传之人也大多是虚伪之徒，借此求财，应该禁止谶书流行，才不会混淆是非。"

  汉顺帝继位后，命张衡在身边侍奉，对国家要事提出意见。顺帝曾问张衡天底下他最痛恨的人，一贯作威作福的宦官们听顺帝这么问，都很害怕，用眼睛死死瞪着张衡，张衡一看情况不妙，就含糊地回答了。宦官们仍然害怕，联合起来诬陷他，张衡便写作《思玄赋》，以表达自己的情志。

  136年，张衡调任河间国（今河北省中部），给国王刘政当国相。刘政为人骄奢，目无法纪，还有一群豪强聚集作乱。张衡到任后，严整法纪，治理豪强，河间很快恢复了安定。张衡担任三年国相，政绩突出，任职期满请求辞职，但皇帝征召他担任尚书。

139年，张衡去世，终年六十二岁。张衡的其他发明创造还有：自动更新的日历瑞轮荚，指示方向的指南车，能自动计算里程的记里鼓车，能滑翔的独飞木雕，等等。他被后世尊为"科圣"。

为了纪念张衡作出的贡献，联合国天文组织将月球背面的一座环形山命名为"张衡环形山"，将一颗小行星命名为"张衡星"。

经典原文与译文

【原文】常耽好《玄经》，谓崔瑗(yuàn)曰："吾观《太玄》，方知子云妙极道数，乃与五经相拟，非徒传记之属，使人难论阴阳之事，汉家得天下二百岁之书也。复二百岁，殆将终乎？所以作者之数，必显一世，常然之符也。汉四百岁，《玄》其兴矣。"——摘自《后汉书·卷五十九》

【译文】 张衡平时特别喜爱《太玄》，对崔瑗说："我读了《太玄》，才知道扬雄的气数绝妙至极，可以与五经相提并论，不仅仅是传记之类，还能使人分辨阴阳之事，这是汉朝创立两百年以来才有的一本书啊。再过两百年，汉朝的运数就要终结了吗？所以上天规划的运数，一定会在某一世显示，是符合常态的。汉朝建立四百年时，《太玄》会兴起的！"

词语积累

龙飞凤舞：像龙、凤一样飞舞。形容山势蜿蜒雄壮。后形容书法笔势有力，灵活舒展。

枝别条异：树枝各不相同。比喻头绪纷乱。

躬自菲薄：菲薄，微薄。亲自践行节俭。

龙吟虎啸：像龙一样鸣，虎一样啸。比喻相关事物相互感应。

马融列传

> 马融（79—166年），字季长，扶风郡茂陵县人，东汉著名经学家。

古文经学大师

马融是东汉开国名将马援的从孙，长得一表人才，很有才华，善于言辞。他跟随著名大儒挚恂（xún）学习，博览经书。挚恂欣赏马融的才华，把女儿嫁给他为妻。

马融为人豪放任性，不拘小节，所用器物以及所穿衣物都十分奢华，不遵从儒家礼教。他常坐在高堂之上，前面挂一纱帐，前堂传授弟子学问，后堂设有女乐。弟子们按顺序传授，很少有人能进入室内，很多弟子在门下学习多年，都不曾见过他的面。

108年，大将军邓骘听说马融的才华，想召他入朝为官，马融不喜欢安排的职务，不愿意去。不久，羌人扰乱边境，

▲ 马融设堂讲学

米价飞涨，许多人饿死道旁。马融饥饿难耐，于是后悔而叹息，对朋友说："古人说：'左手拿着主宰天下的地图，右手却割断自己的喉咙，再愚蠢的人也不会干。'之所以这么说，是因为生命是最宝贵的。现在我因为怕乡里人小小的耻笑而没有应召，使无价的身体遭受摧残，大概不符合老庄的道理。"因此前去接受了邓骘的征辟。

后来，马融担任校书郎中，专门负责校对典籍。他曾想给《左传春秋》作注，看了前儒贾逵、郑众的注解后，说："贾先生的注精深而不广博，郑先生的注广博而不精深。精深和广博都有了,我没什么可说的了。"马融在此基础上写了《春秋三传异同说》,把各家注解的异同汇总进行对比,成为《春秋》学的一部集大成专著。

马融又分别对《孝经》《论语》《诗》《易》《三礼》《尚书》《老子》《淮南子》等诸多古籍一一作注,综合各家学说,相互补益,对东汉的古文经学发展起到了很大的推动作用,使得古文经学走向成熟。

作为儒家信徒,马融除了爱好注解经书,对时事朝政也非常关心。当时很多浅陋的儒生认为天下太平,靠文德来教化百姓就够了,可以废弃武功,不再学习战阵之法。马融感到很不满,认为文武之道应该并重,就像五行相生相克,哪一个都不能废弃。

几年之后,马融写成《广成颂》讽谏朝廷,因此得罪了邓太后,遭到打压,连续十年得不到升迁,后来还被罢官。

邓太后去世,汉安帝继位,他赞赏马融的文章,召他入朝为官。不久,趁着安帝东巡,马融献上《东巡颂》,安帝读了之后,给他升了官。后来,西羌反叛,朝廷派去征讨的将领拖延不肯进军,马融主动上书请求领兵五千,趁羌兵没有集中之前率先突击。这一建议没有被采纳,马融又上书朝廷,分析边境局势,预言羌人还会侵扰,应该做好准备。后来的事实都证明他预料得准确无误。

汉桓帝即位后,马融因为得罪了大将军梁冀,梁冀就指使别人诬陷马融贪污。马融因此被免官，被剃掉头发流放异乡。马融不堪羞辱而自杀，但没有成功，这才被免除罪行回到家乡。

当初，马融被邓太后惩罚后，不敢再得罪权贵。现在，梁冀掌权，想要除掉太尉李固，陷害李固的奏折，就是马融起草的。有人对马融说："李公获罪，都是你促成的。如果他因此被诛杀，你还有什么面目见天下人呢？"马融为了讨好梁冀，甚至为他写作赞颂之文，因此被天下正直之士看不起。

166 年，马融在家中去世，终年八十八岁。马融对古文经学的发展作出了重大贡献，被视为贤儒的代表。

经典原文与译文

【原文】会羌虏飙（biāo）起，边方扰乱，米谷踊贵，自关以西，道殣（jìn）相望。融既饥困，乃悔而叹息，谓其友人曰："古人有言：'左手据天下之图，右手刎其喉，愚夫不为。'所以然者，生贵于天下也。今以曲俗咫尺之羞，灭无赀（zī）之躯，殆非老、庄所谓也。"故往应邓召。——摘自《后汉书·卷六十上》

【译文】恰逢羌人迅猛兴起，扰乱边疆，米价大涨，自函谷关（今三门峡市境内）往西，路上常有饿死的人。马融饥饿困倦之后，后悔而叹息，对自己的朋友说："古人曾说：'左手拿着主宰天下的地图，右手却割断自己的喉咙，再愚蠢的人也不会干这种事。'之所以这么说，是因为生命是最可贵的。现在我因为怕乡里人小小的耻笑，使无价的身体遭受摧残，大概不是老、庄所说的道理。"因此前去接受了邓骘的征召。

 词语积累

博而不精：博，丰富；精，精深。学识丰富，但不精深。

绛（jiàng）帐授徒：绛帐，红色帐帏。挂起红色帐帏，为生徒讲授。指师长设立讲座，传授生徒，多含尊崇的意思。

蔡邕列传

> 蔡邕（yōng）（133—192年），字伯喈（jiē），陈留郡圉（yǔ）县（今河南省开封市杞县）人，东汉文学家、书法家。

◉ 东汉最后一位大文豪

蔡邕出身名门，少年时十分博学，喜欢文学、数学和天文。

蔡邕为人至孝，精通音律。有一回，邻人请他吃饭，他去晚了，走到门口看到屏风后有人弹琴，便停步静听，突然从琴声中听到一阵"杀机"，于是急忙转身离去。主人知道后，出来追赶他，蔡邕告之原委，众人都觉得很惊奇。弹琴的人说："我当时看见一只螳螂，正要扑向一只蝉，感到心惊肉跳，担心螳螂捕不到蝉，这或许就是所谓的'杀机'吧？"蔡邕笑道："果然如此啊！"

二十四史马上读,语文历史都进步

　　当朝宦官听说蔡邕的琴弹得好,就向汉桓帝推荐他,蔡邕不想与宦官结交,走到半路假装生病,就回家了。蔡邕在家中闲居,不与世俗来往,受先辈汉赋大家东方朔、扬雄等人的启发,写作训诫文《释诲》来自勉。

　　等到汉灵帝即位,蔡邕被召为郎中,负责校书。当时,社会上流传的典籍已经几百年,相互传抄,文字错误很多,一些儒生不加理解,牵强附会,给后学者造成误解。蔡邕与几位大臣联合上书,奏请修订儒家六经。灵帝批准,蔡邕用红笔把经文写在碑上,再请石工刊刻,后来的儒生们便以此为标准。石碑全部刻好,每天都有上千辆车前来观摩学习。

　　灵帝喜欢辞赋,一些趋炎附势之人靠卖弄文章得到任用,德行不再成为选官的标准,社会风气一时间变得很不好,常常发生天灾。灵帝感到害怕,下诏自责,让大臣们进言治理国家的措施。蔡邕上书说了七件事,灵帝欣然采纳。

　　178年,灵帝接受宦官集团的建议,设置"鸿都门学"这所专科学校,下令各州郡及大臣推荐学生入学。这些学生被培养之后,有的当了刺史、太守,有的竟然还赐予爵位,宦官集团的势力一下子膨胀起来,引起朝中很多人不满。灵帝特意就此事询问蔡邕,让他上呈密折解答。蔡邕说:"是妇人和宦官干政的缘故！"趁机弹劾了一批贪赃枉法的大臣，得罪了很多人。

不久，蔡邕遭人陷害，被判死罪，很多人为他求情，才改为剃发流放到北方。直到第二年，灵帝爱惜蔡邕的才华，加上蔡邕被流放前正在编撰史书《东观汉记》，于是才赦免蔡邕的罪过，准许他回到原籍。

蔡邕准备启程，当地太守为他送行，酒足饭饱之后，

▼蔡邕拒绝太守的邀请

太守起舞，邀请蔡邕，蔡邕不予理会。太守觉得失了面子，让人耻笑，便破口大骂说："你身为罪犯，竟敢轻蔑于我！"蔡邕起身就走了。因为之前得罪人太多，蔡邕担心被加害，开始了逃亡生活，躲在吴地（今江苏省长江以南地区）生活了十二年。

189年，灵帝去世，西北军阀董卓进京掌权，听说蔡邕名气很大，马上征召他入京。蔡邕本不想去，但董卓以生杀之事威胁，蔡邕只好动身进京。蔡邕先代理祭酒一职，为众博士之首，后来又被封为高阳乡侯。董卓看重蔡邕的才学，对他十分敬重，每次举行宴会都请蔡邕助兴。

后来董卓被杀，蔡邕在司徒王允家里做客，席间说起董卓，蔡邕想到董卓对自己还不错，就为之叹息。王允大怒，骂道："董卓老贼差点把汉朝颠覆了，你身为汉臣却为他感叹，难道不是与他同为反贼吗？"说完便命人把蔡邕抓起来。

蔡邕自知有罪，请求饶恕性命，继续著汉史，很多人为他求情。王允认为现在朝局不稳，让这样的人执笔写史，对国家没有好处。最终，蔡邕死在狱中，终年六十岁。经学家郑玄听说蔡邕死了，叹息着说："唉，那汉朝的事，谁来考订啊！"

蔡邕是汉代最后一位辞赋大家,他的赋文以小赋为主,

词语积累

焦尾琴： 有户人家用桐木烧火,发出炸裂声,蔡邕恰好路过听到了,知道这段桐木适合制琴。琴制成后,果然音色美丽,琴尾依然残留被火烧焦的部位,故称"焦尾琴"。焦尾琴是我国古代四大名琴之一。

安贫乐贱： 安于贫贱,以此为乐。

烽火连天： 烽火,古时边防报警的烟火,指战争。形容战火到处燃烧。

倒屣（xǐ）相迎： 屣,鞋子。倒穿鞋子出来迎接宾客。比喻热情迎接宾客,或对待朋友一片诚意。

扶正黜（chù）邪： 扶持正道,铲除邪恶。

牛鼎烹鸡： 鼎,古代烹煮食物的器具。用煮一头牛的大锅煮一只鸡。比喻大材小用。

代表作有《述行赋》《青衣赋》。史学作品有《灵纪》及部分列传,但都没有流传下来。蔡邕所写诗歌,大都没有留存,他的女儿蔡文姬凭记忆默写了一部分。后人将他的文章汇编为《蔡中郎集》。

经典原文与译文

【原文】然卓多自很(hěn)用,邕恨其言少从,谓从弟谷曰:"董公性刚而遂非,终难济也。吾欲东奔兖(yǎn)州,若道远难达,且遁逃山东以待之,何如?"谷曰:"君状异恒人,每行观者盈集。以此自匿,不亦难乎?"邕乃止。——摘自《后汉书·卷六十下》

【译文】然而董卓经常刚愎自用,蔡邕懊恼自己的意见很少被采纳,对堂弟蔡谷说:"董卓性情刚烈,而且坚持自己的错误做法,终究难以成功。我想往东逃到兖州,如果路途太远难以到达,暂且逃到崤(xiáo)山以东地区等待时机,怎么样?"蔡谷说:"你的容貌与众不同,每次走在路上,很多人关注。用这种方式自我躲避,不是很难吗?"蔡邕只好打消了这个念头。

陈蕃列传

> 陈蕃（？—168年），字仲举，汝南郡平舆县（今河南省驻马店市平舆县）人，东汉名臣。

◉ 犯颜直谏的名臣

陈蕃少年时有大志。十五岁时，他一个人居住，不怎么收拾院子。

有一回，父亲的朋友来看他，见屋里十分凌乱，对他说："你年纪轻轻，为什么不把屋子打扫干净，再迎接客人呢？"陈蕃说："大丈夫在世，志在扫除天下，何必在意扫一间屋子！"

陈蕃起初在郡里做官，多次被推举，因为与上司意见不合而离职。后来，太尉李固亲自举荐他，他被任命为乐安郡（今山东省滨州市一带）太守，隶属青州管辖。

当时名臣李膺（yīng）担任青州（今山东省东部）刺史，

管理非常严格,很多人听说要去青州做官,都主动离开,只有陈蕃因为政绩清廉留了下来。

乐安郡有一位隐士叫周璆(qiú),历任太守招揽、邀请他,都请不动,只有陈蕃能请到他。陈蕃很尊重他,只称呼他的字,而不称名。他专门准备一个坐榻,周璆到访时拿出来给他坐,等他走后,就把榻挂到墙上。

郡中有个人埋葬了亲人后不关闭墓道,而是住在墓里,服丧二十多年,人们都称赞他的孝行。有人将此人推荐给陈蕃,陈蕃问及他的妻儿,得知他的五个儿女都是在服丧期间所生,非常生气,说:"圣人制定的礼仪,贤明有才德的人会降低身份去顺从,品行不好的人希望达到标准。祭祀次数不用太多,因为多了容易不恭敬。况且你住在墓里,还在里面生儿育女,简直是迷惑世人,玷污鬼神!"于是将这个人治罪。

有两个郡的山贼造反,朝臣商讨如何剿灭,汉桓帝命令各州郡推荐人才,陈蕃当时已经入朝为官,进言说:"以前汉高祖创业,官员对待百姓就像对待自己的儿子。这两个郡的百姓,也是皇上的子民,他们被迫造反,难道不是因为贪官污吏太多吗?应该严格考核官员,除掉残害百姓的人,另选清正贤明的人。这样的话,不用一兵一卒,山贼就能平复了!"陈蕃因此得罪桓帝身边的近臣,被外放

▼陈蕃设榻见周璆

为地方官。

桓帝时期，宠臣、外戚的权势强盛，陈蕃说："俗话说'盗不过五女门'，是因为家里女儿太多会变得贫穷。后宫也是这样，女子们聚在一起，得不到陛下的亲近，就会生出愁怨。而监狱是用来关押犯人的，看守者必须秉公管理，如果执法不公平，为官不得人心，国家就要受到损害。"

当时，宦官当道，经常迫害朝臣，陈蕃多次劝谏桓帝说："现在贼寇猖獗，内政混乱，臣寝食难安，实在担心进献忠言的人被一天天疏远，而陛下身边的小人，恶意中伤，随意诬陷，制造了很多冤案。希望能任用清廉的人，远离邪恶毒瘤！"桓帝看了他的奏章，更加生气，根本没有理睬。

后来，李膺被关进监狱，陈蕃又上书替李膺求情，桓帝十分不满，不但没有采纳他的意见，还找个理由再次将他罢免。陈蕃直言不讳，刚正不阿，经常得罪权贵，被士人评为"三君"之一，另外两位是窦武和刘淑。

167年，桓帝驾崩，窦太后临朝听政。此前，在桓帝立后的事情上，陈蕃认为窦氏是良家大族，坚决支持立她为后，窦氏掌权后，重用陈蕃。陈蕃与窦太后的父亲窦武同心协力，任用名士，打算消灭宦官集团。

陈蕃认为窦太后一定会支持，便向她上书，但窦太后没有采纳。陈蕃马上与窦武商量诛灭宦官，不料事情败露，窦武被杀。陈蕃听说后，连忙率领属官和学生们赶来援助，高呼："大将军窦武忠诚为国，宦官造反，怎么反说是窦氏反叛呢？"这番话正好被一个宦官听到，就把陈蕃抓了起来，当天就把他杀害，时年七十多岁。

陈蕃所处的时期，正是东汉末年，朝廷内外很混乱，他一面与权贵抗争，一面铲除宦官，虽然事败而死，但他不避强权、犯颜直谏的行事作风令世人称赞佩服，"大丈夫扫除天下"的豪情壮志也令人无尽叹息。

经典原文与译文

【原文】 民有赵宣葬亲而不闭埏（shān）隧，因居其中，行服二十余年，乡邑称孝，州郡数礼请之。郡内以荐蕃，蕃与相见，问及妻子，而宣五子皆服中所生。蕃大怒曰："圣人制礼，贤者俯就，不肖企及。且祭不欲数，以其易黩（dú）故也。况乃寝宿冢藏，而孕育其中，诳（kuáng）时惑众，诬污鬼神乎？"遂致其罪。——摘自《后汉书·卷六十六》

【译文】有个叫赵宣的百姓,埋葬亲人后不关闭墓道,而是住在墓里,服丧二十多年,乡里人都称赞他的孝行,州郡几次以礼请他。郡里把他推荐给陈蕃,陈蕃与他相见,问及他的妻子儿女,而赵宣的五个儿女都是服丧期间生的。陈蕃大怒,说:"圣人制定的礼仪,贤明有才德的人会降低身份去顺从,品行不好的人希望达到标准。况且祭祀次数不用太多,因为太多了容易不恭敬。更何况你住在墓里,还在里面生儿育女,简直是迷惑世人,玷污鬼神!"于是将他治罪。

强于犯上:强,敢。犯,冒犯。上,皇帝。敢于冒犯皇帝。比喻为了坚持原则,敢于冒犯上级。

陈蕃一室:陈蕃志向远大,不屑于打扫屋室的卫生。形容青年人有远大的志向。

后汉书·党锢列传

党锢列传

> 党,朋党;锢,禁止入仕为官。党锢是指禁止政治上的朋党参政。东汉末年,外戚与宦官交替执政,朝政黑暗,引起信奉儒家伦理的士大夫严重不满,他们强烈反对宦官专权,先后两次遭到禁锢,史称"党锢之祸"。《后汉书·党锢列传》共一卷,记载二十余位受党锢事件影响的士大夫事迹,本书选取李膺、范滂(pāng)为代表。

● "八俊"之首李膺

李膺(110—169年),字元礼,颍川郡襄城县(今河南省许昌市襄城县)人,东汉名士。

李膺出身于官宦之家,性格孤傲,不善交际,所交的朋友都是高洁之士。李膺曾经担任青州刺史,为政严明。很多人本来打算去青州做官,听说李膺在那里,都弃官而走。

此后,李膺历任地方官,所到之处都留下很好的名声。他后来担任护乌桓校尉,负责管理北方少数民族事务。当时,鲜卑人多次袭扰边境,李膺常常亲自冲锋陷阵,杀敌无数,每次都胜利而归,鲜卑人十分惧怕他。人们因此对李膺更加敬佩,常年有近千人跟随他学习。有一次,大名士荀爽拜访李膺,得到机会为他赶车,感到十分荣幸,回家后高兴地说:"我今天居然为李君赶车了!"

东汉末年,宦官把持朝政,贪赃枉法,朝廷内外混乱不堪,一批士人出身的官员联合起来,主张罢黜宦官,任用清廉的人,但先后被迫害入狱,李膺就是其中之一。不久,有大臣替李膺求情,李膺得到赦免,担任司隶校尉,负责纠察百官。

当时,宦官张让的弟弟胡作非为,在地方担任县令期间,杀害孕妇,因为害怕李膺,他躲在张让家的夹柱中。李膺知道后,带人砸碎夹柱,抓住凶手就杀了。张让向汉桓帝告状,责问李膺凭什么先斩后奏,李膺说:"臣任职已满十天,经常担心自己办事不力而有过失,没想到却因为办事太快而获罪。臣知道死期就要到了,请求宽容五天,待臣灭尽大恶,再来受刑。"桓帝听后,对张让说:"这是你弟弟的过失,李膺有什么错呢?"随后将李膺放了。从此,宦官们都屏气不敢出声,即便休息时也不敢随意出宫,桓帝询问原因,他

▲ 李膺秉公执法

们都说害怕李膺。朝廷一天天混乱,只有李膺独善其身,保持高洁。士人如果能获得他的接待,都被视为"登龙门"。

166年,朝廷发生第一次"党锢之祸",李膺遭到迫害。太尉陈蕃坚决不肯受理案件,桓帝大怒,将李膺关进监狱。因为这个案子牵扯了一些宦官子弟,宦官们害怕受到牵连,请求桓帝大赦天下,李膺因此得救。

三年后,发生了第二次"党锢之祸",朝廷大肆抓捕士大夫的同党。有人劝李膺赶紧逃走,李膺说:"遇事不能躲避困难,有罪不能逃避刑罚,这是臣子的节操。我已经六十岁了,死生有命,能去哪里呢?"于是李膺前往诏狱。李膺在狱中被拷打而死,妻子儿女被流放到边境,门生、属官以及他的父亲,一并被禁止做官。

当时,社会上士大夫以道德相互标榜,选出八位名士称为"八俊",李膺因公正廉洁的作风以及威望被认为是"八俊"之首。

● 不畏奸佞的范滂

范滂(137—169年),字孟博,汝南郡征羌县(今河南省漯河市境内)人,东汉名士。

范滂年轻时很有气节,被举为孝廉,州人都折服于他。冀州发生饥荒,盗贼纷纷出现,朝廷任命范滂为使者,巡视各地。范滂接受任命后,登车牵住缰绳,慷慨激昂,有澄清天下的志向。他刚刚进入冀州境内,各地贪污受贿的太守、县令就纷纷弃官逃走。

后来,汉桓帝下诏官员们举报民间传言,范滂一下举报了二十多人。因为举报的人太多,有人怀疑他有私心,他说:"这些人如果不是贪污纳贿,祸害百姓,怎么会出现在名单上呢?因为时间仓促,我列出的都是急需惩办的,还有一些没有确凿证据,需要进一步核查的。我听说把杂草除尽了,庄稼才能长得好,把奸臣铲除了,才会有清平盛世。如果我说的不符合事实,我甘愿受罚。"质疑的人不敢接话。范滂见世道艰难,意识到自己的主张很难实施,便辞官了。

166年,第一次"党锢之祸"发生,范滂等人被诬陷结党,关进监狱。当时有规定,入狱者都要祭祀上古司法之祖皋陶(gāo yáo),范滂说:"皋陶是贤士,如果我无罪,他自会替我向老天申诉,如果我有罪,祭祀他又有什么用呢?"其他被关押的人觉得有道理,于是不再祭祀皋陶。

很多被关押的人生病,范滂于是请求先受刑。桓帝派人审问他们,有的人回答,有的人不吭声,范滂从后排挤到前排,说:"孔子说,看到好的行为要赶紧学习,看到不好的行为要马上躲避。我们正是想让好的在一起更清明,坏的在一起更恶臭,本是为朝廷着想,没想到朝廷却认为我们结党。"审问的人说:"你们互相提拔推举,意见不合的,就一起排斥,这是想干什么?"范滂长叹一声,说:"古人遵循善道能谋求更多幸福,今天遵循善道却身陷囹圄。我死后,请把我埋在首阳山边,让我不负苍天,不愧于伯夷、叔齐这样的先贤!"审问的人被他的话感动,将他们全部释放。

三年后,第二次"党锢之祸"发生,朝廷又开始大批抓捕党人,范滂知道后,自己跑去投案。县令大吃一惊,说："天下这么大，你为什么偏偏跑到我这里来啊？"范滂说："我死了，祸患就终结了，怎么能再连累你，还让我的母亲流离失所呢！"范滂临行前与母亲辞别，母亲对他说："你现在能与李膺齐名，死又有什么遗憾呢？"范滂拜别母亲，转身对儿子说："我想让你作恶，但恶事不该做；我想让你行善，但这就是我行善的下场。"众人听了，无不流泪。最终范滂被杀，年仅三十三岁。

范滂为官清正，不畏奸佞，是东汉宦官黑暗势力统治下的一股清流。虽然他官职不高，生命短暂，却在历史上享有盛名，影响深远。

经典原文与译文

【原文】后张俭事起，收捕钩党，乡人谓膺曰："可去矣。"对曰："事不辞难，罪不逃刑，臣之节也。吾年已六十，死生有命，去将安之？"乃诣诏狱。考死，妻子徙边，门生、故吏及其父兄，并被禁锢。——摘自《后汉书·卷六十七》

【译文】后来，朝廷抓捕名士张俭的事情发生，收捕牵连为同党的人，同乡人对李膺说："可以逃走了。"李膺回答说:"遇事不能躲避困难,有罪不能逃避刑罚,这是臣子的节操。我已经六十岁了,死生有命,能去哪里呢?"于是李膺前往诏狱。李膺被拷打而死,妻子儿女被流放到边境,门生、属官以及他的父亲兄弟,一并被禁止做官。

词语积累

李膺门馆:李膺清正廉明,声名高洁,被他任用的人,称作登龙门。比喻名高望重之家。

范滂诀母:范滂临死前与母亲慨然诀别。比喻为正义事业勇于牺牲以及辞别亲人时的悲壮情景。

厌塞(sāi)众议:厌塞,压制。压制各种意见。

揽辔(pèi)澄清:揽辔,拉住马缰绳;澄清,平治天下。坐在马车上拉住缰绳,立志要平治天下。比喻在工作之始,就立志要把它做好。

何进列传

> 何进（？—189年），字遂高，南阳郡宛县（今河南省南阳市宛城区）人，东汉末年外戚、大将军。

● 东汉最后的外戚

何进本是屠户出身，因为同父异母的妹妹被选入宫，获得汉灵帝宠爱，又当了皇后，何进因此逐步得到升迁。

184年，黄巾起义爆发，何进被任命为大将军，负责平定起义，因平叛有功，被封为慎侯。

当时，灵帝很信任宦官蹇（jiǎn）硕，任命他为元帅，何进也归他管理。蹇硕虽然掌权，但是对何进很忌惮，多次向灵帝建议让何进远征。何进知道这是阴谋，找借口一直拖延。

灵帝有两个儿子，大儿子刘辩为何皇后所生，二儿子刘协为王美人所生。灵帝喜欢刘协，想废长立幼，让蹇硕帮忙，想办法削弱何进的兵权。

189年，灵帝驾崩，蹇硕谋划在何进进宫时杀掉他，何进知道后，称病不进宫，蹇硕的阴谋没能得逞。刘辩继位，是为汉少帝，何太后临朝听政。

何进早就痛恨宦官们把持朝廷大权，见蹇硕想杀他，更加想诛灭宦官集团。四世三公出身的袁绍正有此意，劝说何进早些动手。何进设计杀了蹇硕，统领了他的禁军。

这时，袁绍劝何进趁机将宦官一网打尽，何进认为有道理，便把计策告诉了何太后。

宦官一直是后宫的重要力量，能够与前朝形成制衡，因此何太后以不能违反祖制为名，表示反对。

何太后的母亲以及何进的弟弟经常接受宦官的贿赂，知道何进要诛杀宦官，也向何太后求情，说何进是为了独揽大权，何太后更加怀疑。

因为宦官势力渗透后宫，盘根错节，何进掌权时间不长，对他们有所忌惮，又得不到何太后的支持，便有些犹豫了。

袁绍建议，由他召集四方猛将和豪杰，带兵进京，以此威胁何太后，何进觉得有道理。

典军校尉曹操听说此事，马上规劝何进，说大局已经在握，想杀宦官易如反掌，没有必要寻求外援。何进没有听从,召西北军阀董卓进京,想借助他的军队将宦官集团斩草除根。

这时,何进的弟弟劝他说:"何家当初贫贱,就是靠着宦官帮忙,才得到富贵;国家大事要慎重考虑,倒出去的水难再收回,应当与宫中保持好关系。"何进听了这样的话,又开始犹豫。

袁绍担心何进反悔,威胁说:"现在的局势已经很明朗,再不行动,就会发生变故!"何进开始着手准备,让袁绍负责此事。

袁绍派人监视宦官,联络董卓,准备进军。何太后很害怕,将宦官们遣散回家,只留下与何进关系亲近的在宫中。

眼看董卓大军逼近,何太后把宦官们找来,让他们向何进请罪。何进说:"如今天下混乱,正是你们害的啊。现在董卓的军队很快就到了,你们为什么不早日回到各自封国呢?"袁绍劝说何进趁此时机杀掉宦官,劝了好几次,何进不同意。

何进谋划得太久,又召外援入京,闹得沸沸扬扬,宦官们都知道何进要杀掉他们,人人自危,想除掉何进。

不久,何进进宫,再次请求何太后批准诛杀宦官。宦官们偷听到了何进的话,拿着兵器在侧门埋伏好,等何进

▲ 何进被宦官斩杀

出来，假称太后召见，将他杀害了。

何进一死，袁绍等人借机带兵入宫，把宦官全部杀光。随后，董卓进京执掌大权，诛杀何氏一族。

自此，东汉最后一个外戚势力灭亡，而东汉也从此走向战乱，直至灭亡。

有人评价说，何进虽贵为外戚，大权独揽，对内有临朝之威，对外有迎群雄之势，但最终却事败而死，这难道不是智慧不足而权力太大的缘故吗？

经典原文与译文

【原文】诸常侍小黄门皆诣进谢罪,唯所措置。进谓曰:"天下匈匈,正患诸君耳。今董卓垂至,诸君何不早各就国?"袁绍劝进便于此决之,至于再三。进不许。——摘自《后汉书·卷六十九》

【译文】所有常侍、小黄门之类的宦官都去何进那里请罪,听凭他处置。何进对他们说:"如今天下混乱,正是你们害的啊!现在董卓的军队很快就要到了,你们为什么不早日回到各自的封国呢?"袁绍劝说何进趁此时机杀掉宦官,劝了好几次。何进不同意。

一意孤行:拒绝别人的劝说,坚持根据自己的主观想法行事。

扬汤止沸：汤，开水；沸，沸腾。把锅里烧开的水舀起来，稍微凉一下又倒回去，使水不再沸腾。比喻办法不彻底，无法从根本上解决问题。

按兵不动：按，止住。掌握了力量但暂时不采取行动，而是等待时机。比喻事情发生后持观望态度，不肯行动。

覆水难收：倒在地上的水，再也收不回来了。比喻事情已经无可挽回。

二十四史马上读,语文历史都进步

孔融列传

> 孔融(153—208年),字文举,鲁国(今山东省曲阜市)人,东汉末年名士、文学家,孔子二十世孙。与陈琳、王粲(càn)、徐干、阮瑀(yǔ)、应玚(yáng)、刘桢合称"建安七子"。

● 忠于汉朝的一代名儒

孔融出身名门,小时候就表现出异于常人的素质。四岁时,孔融与众兄弟一起吃梨,总是把大梨让给哥哥们,自己只拿小的。家人问他为什么,他说:"我是小孩,应该吃小的。"宗亲们都感到惊奇,觉得他很不一般。

孔融十一岁时,父亲去世,他悲痛过度,身体极度虚弱,要人扶着才能站起来,人们都称赞他的孝行。

有一回,名士张俭遭遇陷害,被朝廷通缉。张俭因为和孔融的哥哥是好友,就逃到孔融家中。孔融的哥哥没在家，孔融当时十六岁，见张俭神情窘迫，猜到了他的来意，说道："哥哥虽然不在家，但我也是东道主呀！"就收留了张俭。

后来事情败露，朝廷问责，把孔融兄弟俩都抓了起来。孔融说："人是我收留的，有什么罪处罚我就好了。"哥哥也争着说罪在自己，官吏问他们的母亲，母亲也说自己有罪。一家子都争着获罪，最后朝廷定了哥哥的罪，但孔融因此事而名声大振。

后来，孔融被征召入朝为官，当时董卓独揽大权，想废黜汉少帝另立新君，孔融争辩此事，言辞非常激烈，董卓很记恨他，把他派到黄巾军动乱最严重的北海国（今山东省潍坊市一带）为相。孔融到任之后，召集士民，习兵讲武，慢慢集结了四万多人，设置城邑，建立学校，大推儒术，一时政绩斐然，被人称为"孔北海"。

孔融本性宽和，重视人才，经常宾客满门，他说："座无虚席，杯中不空，我就无忧了。"他听说别人有什么善行或者可取的言语，一定大加推崇；别人有什么不足的地方，也直言不讳地告知。但凡贤德之人没有得到推崇，他都认为是自己的过错。人们都很信服他。

当时，中原地区实力最强的军阀是袁绍和曹操，孔融知道他们有野心，不愿意投靠。后来，袁绍的儿子进攻北海,战争持续了半年,城内短兵相接,孔融却还在家中读书,谈笑自如。到了晚上,城池陷落,他才出逃,妻儿都被俘虏。

196年,汉献帝迁都许昌(今河南省许昌市),召孔融入朝担任少府,负责管理皇室生活事务,并常常向他询问政事。当时很多人建议恢复肉刑,孔融说:"古人浑厚朴实,没有所谓的善恶,官吏也执法清明,没有什么错误,百姓犯罪都是自己的责任。现在风气败坏,政治混乱,再想用刑法残害百姓的身体,并不是除恶扬善的办法。"朝廷认为他说得有道理,就没有恢复肉刑。

此前,曹操进攻邺城(今河北省邯郸市临漳县),击败袁绍之后,曾经屠杀百姓,掳掠了很多袁家女子,曹操的儿子曹丕还强娶袁氏的妻子。孔融给曹操写信说:"周武王讨伐商纣王,把纣王的妃子妲(dá)己赏给弟弟周公!"曹操问他出自什么典故,孔融说:"根据你现在做的事情来看,推想当年就是这样!"

现在,孔融在许昌任职,亲眼见到曹操的奸猾,更加不能忍受,经常讽刺他。有一年,曹操远征北方游牧民族乌桓,孔融又讥笑他,言辞傲慢无礼,曹操很生气,但因为孔融名声很大,只能选择隐忍。

有人看出了曹操的心思,以蔑视国法为由弹劾孔融,

▲ 孔融责备曹操

曹操又指使人诬陷孔融毁谤朝廷、图谋不轨，于208年将孔融处死，并株连全家。孔融被害时，九岁的儿子、七岁的女儿因为年幼得以幸免，被寄养在别人家里。有人对他们说："你们的父亲被捕，还不赶紧逃命吗？"女儿说："巢被毁坏了，哪里有不破的卵呢？"最后被抓，一起主动赴死。

　　孔融是继蔡邕之后的文章宗师，也擅长诗歌。魏文帝曹丕很喜欢他的诗文，曾出高价悬赏收集他的作品，"建安七子"的说法，也是魏文帝首先提出，一直被后人遵循。

经典原文与译文

【原文】融欲观其人,故造膺门。语门者曰:"我是李君通家子弟。"门者言之。膺请融,问曰:"高明祖父尝与仆有恩旧乎?"融曰:"然。先君孔子与君先人李老君同德比义,而相师友,则融与君累世通家。"众坐莫不叹息。太中大夫陈炜(wěi)后至,坐中以告炜。炜曰:"夫人小而聪了,大未必奇。"融应声曰:"观君所言,将不早惠乎?"膺大笑曰:"高明必为伟器。"——摘自《后汉书·卷七十》

【译文】孔融想见李膺,故造访李膺府上。他对守门人说:"我是李先生的世交子弟。"守门人报告了李膺。李膺请孔融进来,问道:"你的祖父曾经与我家有旧交吗?"孔融说:"是的。我的先人孔子与李先生的先人老子德义不相上下,结为师友关系,所以我与李先生是世代交好。"在座的众人无不赞叹。太中大夫陈炜后到,在座的人把刚才的事告诉陈炜。陈炜说:"小时候聪明的人,长大了未必有大用。"孔融跟着他的话说:"照你这么说,你小时候一定很聪明吧?"李膺哈哈大笑,说道:"你将来一定能成为大才!"

 **词语积累**

推梨让枣：推让梨子和枣子。比喻兄弟友爱。

不胫而走：胫，小腿。没有腿却能跑。形容传播速度很快。

巢倾卵覆：巢，巢穴；倾，倒。巢穴翻倒，里面的卵也摔碎了。比喻遭遇灭门之祸，没有人幸免。

不可多得：得，得到。形容极其稀少，很难获得。

忘年之交：朋友之间交往时不在意年龄和辈分。

小时了了，大未必佳：了了，聪明；佳，优秀。小时候聪明，长大了未必优秀。

二十四史马上读，语文历史都进步

皇甫嵩列传

> 皇甫嵩（sōng）（？—195年），字义真，安定郡朝那县（今宁夏回族自治区固原市境内）人，东汉末期名将。

平定黄巾之乱

皇甫嵩出身于将门世家，从小文武双全，汉灵帝命他担任北地郡（今宁夏回族自治区吴忠市）太守。

东汉末年，朝廷腐败，宦官与外戚争斗不止，边疆战事不断，国力日趋衰弱，民不聊生。

184年，太平道教主张角传檄四方教众，黄巾起义就此爆发。起义军大肆烧毁官府，杀害官吏，四处抢掠，势如破竹，多个城池失守，朝廷震惊。

这时，皇甫嵩上书灵帝，要求解除党禁，拿出国库财钱和良马给军士们，以提升士气。灵帝同意，任命他为左中郎将,与其他将领统领全国的精兵,分别抗击黄巾军。

皇甫嵩领军数万人进攻在颍川郡(今河南省禹州市)的黄巾军。黄巾军来势凶猛,汉军首战失败。因为敌军多,汉军较少,将士们很惶恐。

皇甫嵩安慰将士说:"用兵讲究的是奇谋,不在于兵多兵少。敌人现在靠着草地结营,一旦起风,很容易着火,我们趁夜放火,敌人一定会惊慌逃窜。"于是按计行事,

▼ 皇甫嵩火攻黄巾军

天遂人愿，当晚果然刮起大风。

大火一起，皇甫嵩率领兵士点燃火把高呼，制造兵将众多的假象。黄巾军缺乏正规训练和战斗经验，看见大火四起，呼声震天，惊慌逃窜。皇甫嵩乘胜追击，大败黄巾军。

经此一战，皇甫嵩被封为都乡侯，名声大振，继续镇压其他黄巾军，连连取胜。

不久，起义军首领张角病死，他的弟弟继任。皇甫嵩避开黄巾军的精锐部队，等他们放松警惕，连夜出兵，剿灭了黄巾军主力，将张角的头颅传回京城。

皇甫嵩升任左车骑将军，担任冀州牧。皇甫嵩奏请朝廷减免冀州一年的租税，百姓得以安定。

老百姓为了感谢他，做了一首歌："天下大乱啊，家乡成了废墟；母亲失了儿啊，妻子失了丈夫；多亏了皇甫嵩啊，使我们安居！"

皇甫嵩每次行军休息，都亲自检查帐篷是否建好，才回帐中休息。每次吃饭，他都要等军士们吃完，自己才吃。有军吏贪污，他知道了也不点破，反而赐予钱物，军吏心怀愧疚，甚至有人因此自杀。

皇甫嵩连连击败黄巾军，声势威震天下。有人劝他说："世道混乱，你现在立了大功，君主却昏庸无能，恐怕未来要危险了。"皇甫嵩说："我每天都尽忠职守，有什么危险呢？"那人说："现在宦官为患，皇上的命令实施不了，你功劳太大，会招来嫉妒，难道历史上这样的事还少吗？"皇甫嵩说："虽说小人谗言多，大不了被流放，但至少还有好名声，死而不朽。你这样的言论，我不敢听从。"

188年，陈仓县（今陕西省宝鸡市境内）发生叛乱，朝廷派皇甫嵩和董卓一起平叛。董卓想赶紧出兵，早点出发才能保全陈仓。

皇甫嵩说："百战百胜，不如不战而屈人之兵，应该等待时机，以求全面战胜敌人。陈仓虽小，但防御完善，一时不会被攻破。"后来，敌军攻了八十多天，依然没有攻破陈仓，打算撤退。

皇甫嵩闻讯，立即率军追击，却被董卓阻拦，认为败兵不可追，皇甫嵩说："以前不出兵，是为了避开敌军的锐气，现在敌人正衰弱无力，没有了斗志，正是攻打的好时候。"于是独自率兵追击，大败敌军。

虽然打了胜仗，皇甫嵩却因此得罪了董卓。灵帝病重，把军权交由皇甫嵩，董卓不肯放权。有人劝皇甫嵩讨伐董卓，皇甫嵩说："董卓不听从命令，确实有罪，但是我也做得不好。不如奏报朝廷，由朝廷来定夺吧。"朝廷因此责备董卓，董卓更加忌恨皇甫嵩。

董卓掌权后，想杀掉皇甫嵩，皇甫嵩的儿子与董卓有些交情，为父亲求情，皇甫嵩才幸免被杀。

195年，皇甫嵩病逝。皇甫嵩仁爱谨慎，尽职尽责，军功显赫却不骄傲，是汉朝最后一位名将，他的努力虽然没有挽救汉朝的灭亡，但他本人却广受后世赞誉。

经典原文与译文

【原文】王国围陈仓，自冬迄春，八十余日，城坚守固，竟不能拔。贼众疲敝，果自解去。嵩进兵击之。卓曰："不可。兵法，穷寇勿追，归众勿迫。……困兽犹斗，蜂虿（chài）有毒，况大众乎！"嵩曰："不然。前吾不击，避其锐也。今而击之，待其衰也。所击疲师，非归众也。国众且走，莫有斗志。以整击乱，非穷寇也。"——摘自《后汉书·卷七十一》

【译文】叛将王国包围陈仓县，从冬季到春季，八十多天，陈仓城池坚固，防守严密，最终没能攻下。叛军疲惫，果然自己撤退。皇甫嵩进军追击他们。董卓说："不能追。兵法说，走投无路的敌人不能追赶，撤退的军队不能逼迫。……被围困的野兽还要挣扎，蜂和虿有毒，何况这么多敌军呢！"皇甫嵩说："不是这样。以前我不出兵，是为了避开敌人的锐气。现在追击他们，是等到了他们的衰弱。追击的是疲惫的敌人，不是撤退的军队。王国的军队已经败走，失去了斗志。用整齐有序的军队去攻打散乱的军队，而不是追击走投无路的敌人。"

词语积累

穷寇勿追：穷寇，走投无路的敌人。不要追击陷入绝境的敌人，以防止他们拼死反扑，给自己造成不应有的损失。

逆坂走丸：坂，山坡；丸，球形物。逆着山坡滚动球丸。比喻事情很难办成。

木朽不雕：腐烂的木头不可雕琢。比喻局势或人已经糟糕到了不可救药的地步。

董卓列传

> 董卓（？—192年），字仲颖，陇西郡临洮县（今甘肃省定西市临洮县）人，东汉末年权臣。

祸乱汉朝，罪恶滔天

董卓性格粗鲁凶猛，有谋略，年轻时曾到羌人部落游玩，结交了不少羌人首领。后来，他靠耕种为生，有羌人首领来看他，他就杀掉耕牛设宴招待，大家觉得他有情义，名声也就传开了。

董卓练过武艺，臂力过人，身上挂着两副箭囊，骑在马上左右射箭。他接受征辟，在州里担任属官，在抗击匈奴中立下战功。

汉桓帝末年，董卓得到举荐，又在对抗羌人的战争中立下功劳，得到九千匹缣（jiān）的赏赐。董卓说："功劳记在了我的身上，但立下功劳的都是将士们。"于是把赏赐全都分发了，自己一点没有留。

184年，黄巾起义爆发，凉州的军阀趁机发动叛乱。第二年，董卓被任命为名将皇甫嵩的副手，率兵平叛，连连失利。有一天晚上，天空突然有流星划过，光芒万丈，驴马等都一起鸣叫起来。董卓非常高兴，第二天与另一路兵马联合出击，大败敌军。开始时，朝廷一共派出六路人马，只有董卓的军队取胜，全军而还，于是董卓被封侯。

三年后，朝廷征召董卓入朝担任少府，管理皇帝的生活事务，他不肯就任，上书说："臣手下的匈奴兵士都说，粮饷不齐，赏赐也没了，妻子儿女都挨饿受冻；他们拉着臣的车子不让我走，臣实在没办法，只能留下来安顿他们，担心发生意外情况，臣随时向朝廷汇报。"朝廷拿他没办法，对他很不放心。

后来，汉灵帝病重，命董卓把军队交由皇甫嵩指挥，董卓仍不肯，上书说："这些兵士跟着臣很多年了，彼此亲如一家，他们愿意跟随臣为朝廷效力，请让臣带领他们效力边疆吧。"

灵帝死后，大将军何进掌权，何进想诛灭宦官，跟自己的妹妹何太后商量，何太后不同意。于是召董卓进京，想利用他逼迫何太后。董卓很高兴，上书说："宦官扰乱天下，民怨很大。臣听说扬汤止沸，不如釜底抽薪，臣现在就赶赴洛阳，帮助朝廷消灭奸党。"于是董卓马上率军出发。

董卓还没到达京城，宦官们已经诛杀何进，劫持汉少帝和陈留王刘协出逃。董卓领兵加速前进，听说少帝被劫持到了北邙（máng）山（今河南省洛阳市北郊），又率兵去追。少帝看到董卓，吓得直哭，董卓询问事情经过，少帝说得很混乱，刘协却说得井井有条。董卓看刘协聪明，知道他是由董太后抚养，认为董太后与自己同宗，便有了废立之心。

何进死后，手下的部队都归到董卓麾下。董卓又诱惑猛将吕布，收他为义子，让他杀死前义父丁原，趁机兼并了丁原的部众，自此威势渐盛。为了进一步立威，董卓召集群臣说："这世上最大的是天地，然后是君臣，这是从政的根本。当今皇帝懦弱，不能事奉宗庙，我想依照先例，改立陈留王为帝，众卿以为如何？"众臣不敢说话，唯有尚书卢植说："从前的废立之事，都是因为皇帝罪过太多，当今皇帝还年轻，行为没有什么不当的，不能相提并论。"董卓非常生气，第二天就召集群臣，逼迫何太后下诏废汉少帝，改立陈留王为帝，是为汉献帝。董卓又把何太后逼出皇宫，谋害致死。自此，董卓掌握大权，权倾朝野，东汉政权名存实亡。

董卓掌权后，放任他的部下在洛阳城里烧杀抢掠，挖开灵帝的陵墓，把里面的珍宝全部抢走；奸淫公主，霸占

▲ 董卓废黜汉少帝

宫女,滥施刑罚;但凡和他有仇的,都一一报复;毁坏原来的钱币,另铸新钱,导致物价飞涨,官民们都处于水火之中。

  董卓倒行逆施,引发很多士大夫不满,各地纷纷起兵讨伐,但都被他镇压下去。不久,董卓带着汉献帝迁都长安,自封为太师,位居百官之首,又命人制作新衣服,几乎与天子衣服一样,公卿大臣们见了他都要行跪拜之礼。

  众臣不堪忍受董卓之苦,司徒王允说服董卓的义子吕布,设计将董卓诛杀。听到董卓的死讯,士卒们高呼万岁,百姓们手舞足蹈,纷纷饮酒庆贺。因为董卓肥胖,有人在他的肚脐上点火,整整烧了一个晚上,第二天,人们又把他的骨灰撒在路上,这才解恨。

董卓生性残暴,赶上天下大乱,执掌大权后烧杀抢掠,祸害天下,使官民的怨恨到达顶点,被挫骨扬灰,后世唾骂不止。

经典原文与译文

【原文】百僚大会,卓乃奋首而言曰:"大者天地,其次君臣,所以为政。皇帝暗弱,不可以奉宗庙,为天下主。今欲依伊尹、霍光故事,更立陈留王,何如?"公卿以下莫敢对。卓又抗言曰:"昔霍光定策,延年按剑。有敢沮大议,皆以军法从之。"坐者震动。——摘自《后汉书·卷七十二》

【译文】百官汇聚大殿,董卓于是昂着头说道:"天地为大,其次才是君臣,这是为政的根本。当今皇帝糊涂懦弱,不能事奉宗庙,不能做天下的君主。如今我想依照商朝伊尹、汉朝霍光的先例,改立陈留王为帝,如何?"

公卿以下大臣没人敢回答。董卓又高声说:"之前霍光定下废除昌邑王、拥立孝宣帝的决议后,助手田延年按剑监督。有人敢阻挠大计的,都按军法处置。"在座的人震惊不已。

词语积累

抽薪止沸:薪,柴火;沸,沸腾。拿掉锅底的柴火,使锅里的水不再沸腾。比喻从根本上解决问题。

残暴不仁:凶狠毒辣,没有一点同情心。

罗纹结角:布满四周各个角落。

前街后巷:前后的街巷。

倒山倾海:将高山、大海都倾倒。形容声势十分浩大,力量无比强大。

袁绍列传

> 袁绍（？—202年），字本初，汝南郡汝阳县（今河南省周口市商水县）人，东汉末年军阀，汉末群雄之一。

◉ 有匹夫之勇，无将帅之谋

袁绍出身名门望族汝南袁氏，从他的高祖父起，袁氏家族连续四代有五人在朝中担任三公要职，是东汉后期势倾天下的家族。

袁绍生得十分英俊，气质威严，因为出身显赫，很多人前来投奔，他都自降身份倾心结交。

时值东汉末年，宦官专权，引起士大夫阶层不满，袁绍隐居洛阳，多次拒绝朝廷的征辟，表面不问世事，暗中与各路反宦官人士联络，逐渐形成了一个政治集团。

黄巾起义爆发之后，朝廷取消党禁，袁绍才接受大将军何进的征辟，成为属官。袁绍建议何进诛杀宦官，何进多次错失机会，反而被宦官诛杀。袁绍获知消息，立即率兵入宫，诛杀了所有宦官。

董卓进京后，控制了汉少帝，很是趾高气扬。有人对袁绍说董卓有不臣之心，如果不早点想办法除掉，日后必然被他控制。袁绍害怕董卓，不敢发兵。

董卓稳定局面之后，为了树立威信，召集众臣商议废

▼ 袁绍诛杀宦官

立皇帝之事，袁绍说："当今皇上正年轻，没有什么过错，突然废长立幼，显然不合规矩。"董卓按住佩剑，生气地说："天下的事都由我决定，我想要做的事，谁敢阻拦？难道你认为我的刀不够快吗？"袁绍也很生气，说："天下的强者，难道只有董公吗？"说完，手握着刀离开。袁绍得罪了董卓，不敢久留，逃往冀州。事后，为了安抚袁绍，董卓任命他为勃海郡（今河北省沧州市一带）太守。

董卓强行实施废立之事，挟天子号令天下，纵容部下烧杀掳掠，种种暴行引发了士大夫不满，各地讨伐董卓的呼声日益高涨。

190年，关东（今函谷关以东）各州郡推举袁绍为盟主，起兵讨伐董卓。董卓得知此事，把留在京城的袁氏一族全部杀害，许多豪杰更加同情袁绍，都来归附他。尽管如此，由于各支军队各怀异心，征讨之事最后不了了之。

袁绍认为，天下大乱，没有稳固的根据地成不了大事，勃海郡太小，必须占领一个州，才能安身。这时，一位谋士建议他夺取冀州，并给出了详细的方案。袁绍觉得有理，遵照计划实施，最终得到了冀州。

这时，董卓被杀，汉献帝出逃。袁绍的谋士沮授说："天子外逃，正是迎驾的好时机，挟天子以令诸侯，讨伐逆臣，谁能抵抗呢？"这个建议遭到另外两个谋士的反对，他们认为汉室衰微已久，把天子接到身边，事事都要奏请，反而掣（chè）肘，袁绍便没有采取行动。

另一位军阀曹操看到了这个机会，把献帝迎到自己的根据地许县，挟天子以令诸侯。曹操自封为大将军，封袁绍为太尉。袁绍见自己居于曹操之下，非常不满，说："曹操几次差点没命，都是我救了他，现在反而对我发号施令！"袁绍拒不接受。

当时袁绍已经坐拥四州，实力很强，曹操不敢得罪，便以皇帝的名义封他为大将军，让他掌管这四个州。袁绍每次接到诏书，都很害怕，担心曹操对自己不利，想让献帝迁都到离自己近一些的地方，被曹操拒绝。这时，袁绍的谋士劝他早点谋取许都，袁绍没有采纳。

随着统一河北地区，成为北方实力最强的诸侯，袁绍慢慢变得骄傲起来，给朝廷的贡品越来越少。197年，袁绍的堂弟袁术在淮南称帝，仅过了两年多，就众叛亲离。袁术便给袁绍写信，表示愿意把帝号让给他。袁绍很心动，指使身边的人散布"袁氏代汉是为天意"的言论，因为遭到众人反对，只好作罢。

此时，曹操也在全力扩充实力。有一次，曹操亲自攻打蜀汉先主刘备，袁绍的谋士劝他趁机袭击曹操后方，袁绍因为宠爱的儿子生病，没有心情打仗，就此丧失了绝好机会。

等到曹操打败刘备，袁绍举目四望，发现北方地区只剩他和曹操两家了。袁绍仗着兵马众多，立即举兵讨伐曹操。相持一段时间后，两军在官渡（今河南省中牟县境内）对峙。曹操听了谋士的建议，夜袭袁绍囤粮之地，袁军听说粮草已失，军心大乱，结果大败。袁绍逃回冀州，不久便去世了。袁绍的几个儿子互相争权夺利，最终都被曹操消灭。

袁绍表面宽厚文雅，喜怒不形于色，但实际刚愎自用，不能明辨是非，因此在实力远超曹操的情况下，落得惨败的下场。曹操的谋士评价他说："袁绍有吞并天下的雄心，却没有那样的才能！"

经典原文与译文

【原文】及军还，或谓田丰曰："君必见重。"丰曰："公貌宽而内忌，不亮吾忠，而吾数以至言迕之。若胜而喜，必能赦我，战败而怨，内忌将发。若军出有利，当蒙全耳，今既败矣，吾不望生。"绍还，曰："吾不用田丰言，果为所笑。"遂杀之。——摘自《后汉书·卷七十四上》

【译文】等到袁绍大军返回，有人对谋士田丰说："你一定会得到重用。"田丰说："袁公表面宽厚，但内心忌妒，不会明白我的忠心，而且我多次说真话冒犯他。如果得胜而高兴，必定能赦免我，如果战败而心生怨恨，内心忌妒将会发作。如果这次出兵得胜，我还能保命，现在既然败了，我不指望能活着。"袁绍返回，说："我没有听田丰的话，果然被他耻笑。"就杀了田丰。

词语积累

优柔寡断：优柔，犹豫不决；寡，少。做事犹豫不决，没有决断力。

志大才疏：疏，粗疏。人的志向虽然大，才能却不够。

不达大体：大体，大局。不懂得从全局考虑。

二十四史马上读,语文历史都进步

刘表列传

> 刘表(142—208年),字景升,山阳郡高平县(今山东省济宁市微山县)人,东汉末年名士,汉末群雄之一。

● 治世贤臣,乱世清流

刘表是西汉鲁恭王刘余的后人,是汉室宗亲。他身材高大,长相威猛,受过良好的教育,为人仁义,很有名气。

东汉末年,宦官专权,朝政黑暗,有节操的士大夫们以道德相互标榜。刘表以宗室子弟的身份,因为德行高洁,与范滂等人并称"八骏"。"党锢之祸"发生后,他受到牵连,被迫逃亡。直到党禁解除,刘表受大将军何进的推荐,得以入朝为官。

几年后,荆州刺史被杀,权臣董卓表奏刘表接任。当时,荆州治下各郡太守见天下大乱,纷纷拥兵自重,形成割据势力,以至于刘表无法直接上任,只能匿名来到荆州。

刘表到荆州后，与众人商议对策。刘表说："这个地方宗族势力强大，百姓不亲附朝廷。如果被别人抢占先机，祸事就来了。我想在此征兵，又怕没人来依附，应该怎么办呢？"一位谋士说："百姓不依附，只是因为仁义不足，只要实施仁义之政，不愁他们不归附。"另一位谋士说："宗族势力固然强大，但为首者要么能力不足，要么贪财暴虐，除掉他们很容易，不值得担心。"

刘表听了大喜，决定先派人诱惑众首领，请他们赴宴，趁机全部杀掉，再将他们的下属兼并。其他郡县的长官听说此事，纷纷弃官逃走。刘表控制了荆州大部分地区，开始整顿军队，坐观时局。

荆州东北方的邻居是军阀袁术，袁术一直有称帝的野心，派猛将孙坚进攻刘表，围困了襄阳（今湖北省襄阳市）。刘表派大将黄祖迎战，初战失利，但最终射杀孙坚。袁术再也不敢觊觎荆州，刘表的地位进一步巩固。

荆州地处南方，与中原地区临近，但战争较少，经过刘表的积极治理，成为避难的好场所。很多人听说刘表仁义，都前来投奔，他都一一安抚接济，十分周全。此外，刘表还建立学校，遍访儒士。在刘表的治理下，荆州百姓生活比较安定。

200年，北方枭雄曹操与袁绍在官渡对峙，袁绍派人向刘表求助,刘表答应了但一直不出兵,也没有增援曹操。这时,有人对刘表说:"现在世道纷乱,袁、曹对峙,关键的力量就在你身上。如果你想有所作为,可以趁他们疲惫时出兵,但不能拥兵不出,坐观失败,到头来两方都会怨恨你。曹操志向远大,必定能击败袁绍,不如趁机依附他,必然能得到他的厚待,子孙也能获得保全。"

其他谋士也都以此规劝刘表,但刘表犹豫不决,对部下韩嵩说:"现在天下未定,曹操迎天子定都许县,你去探探虚实吧。"韩嵩本就主张刘表归顺曹操,到达许都后,皇帝封了韩嵩的官,韩嵩回来后对皇帝及曹操的恩德大加称赞,劝说刘表派儿子入朝为质。刘表听了十分生气,认为韩嵩怀有二心,要杀他,经旁人劝说,才改为囚禁。

第二年,因为袁绍战败,投靠袁绍的反曹军阀、蜀汉先主刘备前来投奔刘表。刘表待他十分礼遇,却不予重用,派他屯驻新野(今河南省南阳市新野县),看守荆州的北大门。

七年之后,曹操完全平定了北方,亲自率军征讨荆州,准备一举平定天下。此时,刘表病重,临终前表示将荆州托付给刘备,刘备没有接受。曹操的大军还没到荆州,刘表就病死了。他的小儿子刘琮(cóng)继位,曹操大军到后,请求投降,将荆州拱手相让。

▲ 刘表亲自迎接刘备

刘表身处乱世，治理荆州近二十年，在军阀混战之际，始终保持中立，没有太大的政治野心，使荆州百姓避免了战乱，获得暂时的安稳，直接促成了当地经济文化的发展，不失为乱世中的一股清流。

经典原文与译文

【原文】建安元年，骠骑将军张济自关中走南阳，因攻穰（ráng）城，中飞矢而死。荆州官属皆贺。表曰："济

以穷来，主人无礼，至于交锋，此非牧意，牧受吊不受贺也。"使人纳其众，众闻之喜，遂皆服从。——摘自《后汉书·卷七十四下》

【译文】汉献帝建安元年，骠骑将军张济从关中（今陕西省中部）逃往南阳郡（今河南省南阳市），趁机攻打穰城（今河南省邓州市），被流箭射中而死。荆州的官员都向刘表祝贺。刘表说："张济因为穷途末路而来，我作为主人缺少礼节，以至于发生战事，这不是我的本意，我只接受吊唁，不接受庆贺。"于是派人接收张济的部众，士兵们听说此事都很高兴，也就都归顺了他。

景升豚（tún）犬：景升，刘表的字。刘表的儿子刘琦、刘琮像猪狗一样无能。谦称自己的子女。

刘表牛：比喻大而无用之物。

吕布列传

> 吕布（？—199年），字奉先，五原郡九原县（今内蒙古自治区包头市九原区）人，东汉末年著名武将，汉末群雄之一。

◉ 辕门射戟与"三姓家奴"

吕布骁勇异常，善弓马骑射，臂力过人，堪比西汉名将李广，同样有"飞将"的美名，民间更有"人中吕布，马中赤兔"的赞誉。

吕布最初在并州任职，深受并州刺史丁原的器重。汉灵帝死后，西北军阀董卓乘机进了京城洛阳，很多大臣都对他不满，丁原就是其中之一。董卓也早想除掉丁原，但忌惮吕布的英勇，迟迟不敢动手。

董卓用计诱惑吕布为己所用，去杀丁原。吕布受了蛊惑，砍下丁原的头献给董卓。董卓非常高兴，当即提拔吕布，并说会像父亲对待儿子一样对待他。吕布一下成为红人，官职一升再升。

董卓生性多疑，时常担心被人谋害，不管去哪里都让吕布近身跟随。董卓心胸狭窄，性格暴躁，稍不如意便乱发脾气。

有一回，因为一件小事，他竟然拔出手戟投向吕布，差点把吕布刺死，吕布从此怀恨在心。

董卓常常派吕布把守内宫，吕布乘机与董卓的侍婢私通，又怕被发现，于是十分担心。起初，吕布曾与司徒王允交情很好，每逢心有不快，总找王允诉说。

王允等人正不满董卓独霸朝政，胡作非为，想找机会除掉他，乘机规劝说："你姓吕，董卓姓董，以董卓的为人，怎么会真拿你当儿子对待呢，还是保全性命要紧。"吕布本就对董卓有所怨恨，听王允这么一说，便与他里应外合，杀了董卓。

董卓被杀后，他的旧部进攻吕布，吕布率兵出逃，几经辗转投奔北方大军阀袁绍，没过多久便生了嫌隙，只好离开。多方奔走后，吕布乘机占据下邳（pī）（今江苏省徐州市），逼迫刘备归附自己。吕布派刘备驻军小沛（今江苏省徐州市沛县），吕布则自称徐州（今江苏省一带）牧。

▲ 吕布辕门射戟

　　196年，大军阀袁术派大将纪灵率领三万大军攻打刘备，刘备势力很弱，急忙向吕布求援。

　　吕布手下的将领劝说他正好借袁术之手除掉刘备。吕布早已看透袁术的意图，一旦除掉刘备，就会与北方的兵力联合，包围自己。于是，吕布带兵飞速赶往小沛，在距离小沛不远的地方安下营寨，设宴邀请刘备和纪灵。刘备和纪灵都揣测不到吕布的用意，又惧怕他的实力，只得前往赴宴。

席间，吕布对纪灵说："刘备是我的兄弟，现在兄弟被围，我不能不救啊。我这人不爱看别人争斗，喜欢解除纷争。"纪灵感到不妙，低下头不吭声。吕布接着说："今天请你们来，是为了给你们两家讲和。"

说完，命人取来一支戟，插在辕门外百余步远的空地上，说："我从这里一箭射过去，如果射中戟上的小枝，你们两家就罢兵；要是射不中，你们就决一死战。"说完举弓便射，不偏不倚，正中小枝。众人连连惊叹，大赞吕布射技精湛。纪灵一看吕布如此厉害，不敢再说什么，就带兵回去了。

198年，军阀曹操率兵亲征吕布，将他围困在下邳城三个月之久，吕布军中人心涣散，很多人悄悄投降曹操。吕布站在白门楼上，眼见曹操的军队将自己层层围困，心灰意冷，出城投降，曹操命人将他捆绑起来。

吕布说："不要绑得太紧了。"曹操说："绑老虎不能不绑得紧一点。"吕布借机又说："如今我已经归降了曹公，将来由我率领骑兵，曹公亲自率领步兵，何愁天下不平。"

曹操十分心动，一旁的刘备说："曹公难道没看见吕布是如何侍奉丁原和董卓的吗？"曹操点了点头，没有任用吕布。最终吕布被缢杀,斩首于白门楼。

吕布虽骁勇善战,却不能明辨是非,频繁易主,因为与丁原、董卓的关系复杂被称"三姓家奴",为后世所不齿。

经典原文与译文

【原文】始布因登求徐州牧,不得。登还,布怒,拔戟斫(zhuó)几曰:"卿父劝吾协同曹操,绝婚公路。今吾所求无获,而卿父子并显重,但为卿所卖耳!"登不为动容,徐对之曰:"登见曹公,言养将军譬如养虎,当饱其肉,不饱则将噬人。公曰:'不如卿言。譬如养鹰,饥即为用,饱则飏(yáng)去。'其言如此。"布意乃解。——摘自《后汉书·卷七十五》

【译文】当初,吕布通过陈登向曹操求取徐州牧之职,没有得到。陈登返回,吕布发怒,拔出戟砍断案几说:"你的父亲劝我与曹公合作,拒绝袁术的婚约。现在我的要求没有实现,而你们父子一并得到显赫的官职,我被你出卖了!"陈登面不改色,慢慢回答说:"我拜见曹公,说:'对待吕将军就像养虎,应该用肉喂饱他,如果吃不饱,他便会吃人。'曹公说:'并不是像你说的那样。对待吕将军就像养鹰,饥饿时才能被利用,吃饱了便会飞走。'就是这么说的。"吕布的怒气才消解。

三姓家奴:三姓,吕布的吕姓、丁原的丁姓以及董卓的董姓。代指吕布,讽刺他毫无原则,反复无常。

人中吕布,马中赤兔:吕布是名将,以骁勇善战出名;赤兔是马中良驹,传说可日行千里,夜走八百里。比喻非常出众的人才,万里挑一。

养鹰飏(yáng)去:饲养老鹰,吃饱了就会飞走。比喻怀有野心的人不易控制,当其得意之时就不再为主人所用。

后汉书·宦者列传

宦者列传

> 宦者即宦官,是专供皇帝及其家族役使的奴仆。从东汉开始,宦官才全部使用阉人。宦官本来只负责宫廷杂事,不得参与朝政,但是因为与皇帝朝夕相处,获得信赖,从而担任重要职位。东汉一朝,宦官势力极大,多次形成专权的局面,因此范晔特意设置合传。《后汉书·宦者列传》共一卷,记载九位宦官的事迹,本书选取蔡伦、曹腾为代表。

● "造纸鼻祖"蔡伦

蔡伦(约61—121年),字敬仲,桂阳郡(今湖南省郴州市)人,东汉伟大的发明家。

据考证,蔡伦出身于铁匠世家,因为朝廷在桂阳郡设立铁官,蔡家开始与朝廷官员来往密切。

蔡伦年少时好学,对冶炼、铸造、种麻、养蚕等事务都很感兴趣。汉明帝晚年蔡伦进入内廷做事,此后多次升职。汉和帝即位后,他担任中常侍,在皇帝身边侍奉。

蔡伦十分有才学,办事尽心尽力,多次犯颜直谏,指陈政事得失。他后来担任尚方令,主管兵器及宫廷器用的制造。他负责制造的秘剑与各类器械,无不精密,成为后世的法则。

当时,文字都刻在竹简上,因为竹简太厚重,皇帝每次批阅,需要用车子搬运,十分不方便。虽然也用轻便的缣帛书写,但是缣帛价格昂贵,蔡伦就想找到一种廉价的东西来替代。

蔡伦总结前人经验,研究用树皮、麻头、破布以及破渔网等造纸。105年,蔡伦造出了一种既轻便又经济的纸,献给和帝,和帝非常高兴,大加赞赏,下令在朝廷内外使用推广。

蔡伦因此立功,被封为龙亭侯,食邑三百户。人们把蔡伦造的纸叫作"蔡侯纸"。蔡伦改进的造纸技术既方便了书写,又促进了文化的传播,被列为我国古代"四大发明"之一。蔡伦也被尊为"造纸鼻祖"。

汉安帝时,朝廷派人校对儒家典籍的文字,命令蔡伦监督此事。

蔡伦曾经受窦太后指使,诬陷汉安帝的祖母,等到窦

▼ 蔡伦造纸

太后去世,安帝下令彻查此事,让蔡伦自行认罪。蔡伦不想受这种侮辱,便服毒而死。

蔡伦改进造纸术,为人类文明的传播发展作出了巨大的贡献,千百年来受到后世的尊重,造纸行业将他奉为"纸神"。

● 追尊为皇帝的宦官曹腾

曹腾(生卒年不详),字季兴,沛国谯(qiáo)县(今安徽省亳州市)人,东汉晚期宦官。

汉安帝时,曹腾入宫当差。安帝的大儿子刘保被立为太子,邓太后挑选贤良的宦官伺候太子读书,选中曹腾。

曹腾与太子关系很好,获得太子的欢心,得到的赏赐与别人不同。刘保继位,是为汉顺帝,曹腾升任中常侍,在皇帝身边侍奉。

顺帝驾崩,儿子汉冲帝继位,不到半年也去世了。接着,汉质帝即位,一年多后,被大将军梁冀毒杀。这时,朝廷内部对于谁来继位,出现了很大分歧,以太尉李固为首的一派拥护汉章帝的玄孙刘蒜,另一派以梁冀为代表拥护汉章帝的曾孙刘志。

就在两派争论不休之际,曹腾亲自拜访梁冀,表示支持刘志为帝。最后刘志继位,是为汉桓帝,曹腾因拥立有功被封为费亭侯。

曹腾一生侍奉过四位皇帝,在宫中行事三十多年,从来没有出过差错。他推举的人都是海内贤士,先后得到朝廷重用。

有一次,蜀郡(今四川省成都市一带)太守想给曹腾行贿,被益州(今四川省和重庆市一带)刺史发现了他写给曹腾的信,刺史马上弹劾曹腾,要求朝廷处置曹腾。

桓帝认为信是别人主动写给曹腾的,曹腾并不知情,没有怪罪他。曹腾也没有怨恨益州刺史,反而经常在皇帝面前称赞他是能干的好官,人们纷纷赞美曹腾的品行。

曹腾死后,养子曹嵩继承他的爵位,曹嵩的儿子正是魏武帝曹操。曹操的儿子曹丕逼迫汉献帝禅让,建立魏国,魏明帝追尊曹腾为高皇帝,曹腾成为我国历史上唯一被追尊为皇帝的宦官。

经典原文与译文

【原文】时蜀郡太守因计吏赂遗(wèi)于腾,益州刺史种暠(hào)于斜谷关搜得其书,上奏太守,并以劾腾,请下廷尉案罪。帝曰:"书自外来,非腾之过。"遂寝嵩奏。腾不为纤介,常称嵩为能吏,时人嗟美之。——摘自《后汉书·卷七十八》

【译文】当时蜀郡太守通过送簿籍的官吏向曹腾行贿,益州刺史种嵩在斜谷关(今陕西省宝鸡市眉县境内)搜到他写给曹腾的信,就上奏告发蜀郡太守,并弹劾曹腾,请求交由廷尉治罪。汉桓帝说:"书信是地方官写给他的,不是曹腾的罪过。"就搁置了种嵩的奏请。曹腾毫不介意,经常称赞种嵩是个能干的官员,当时的人都称赞曹腾。

春风满面:春风,指笑容。比喻人喜悦舒畅的表情。

无与伦比:伦比,匹敌。没有能够与之相比的东西,指事物近乎完美。

儒林列传

《后汉书·儒林列传》共两卷,记载四十多位儒家学者的事迹,本书选取何休、许慎为代表。

今文经学领袖何休

何休(129—182年),字邵公,任城郡樊县(今山东省济宁市)人,东汉今文经学家、儒学大师。

何休为人质朴,不善言辞,但是很有思想,对儒家六经研究得很深,当时的儒生没有人能超过他。

何休曾被征辟为郎中,但他不愿意,就称病辞职了。后来,太尉陈蕃召他为属官,何休得以参与政事。陈蕃失势,他受到牵连,被禁止做官。

汉朝的今文经学虽然处于独尊的官学地位,但因为董仲舒加入了阴阳五行、天人感应的因素,越来越趋于迷信化;儒生们为了彰显学问,在解释经文时,动辄几十万字,甚至上百万字，变得烦琐不堪。

到了东汉，古文经学强势崛起，先后出现了许慎、贾逵（kuí）、郑众、马融、郑玄等大师，在社会上的影响力越来越大，而今文经学不断遭到攻击，大有被众人抛弃的势头。

何休作为今文经学大师，有感于这种残酷的现实，凭借自己广博的知识，在家闭门沉思，坚持了十几年，撰成《春秋公羊解诂（gǔ）》一书。

《春秋公羊解诂》言辞缜密，系统性很强，上承董仲舒《春秋公羊传》之风，成为今文经学的集大成之作。后来成为历代科举取士的必读书，对我国的传统文化产生了很大的影响。

此外，何休还给《孝经》《论语》等作注；又写作《公羊墨守》，将《公羊》学说比作墨翟（dí）守城，牢不可破；又写作《左氏膏肓》《谷梁废疾》，批判《左氏传》《谷梁传》。后来，郑玄分别写作《发墨守》《针膏肓》《起废疾》，驳斥何休。

京城的学者称郑玄为"经神"，何休为"学海"，十分推崇他们。

党禁解除后，何休又出来做官，于182年去世，终年五十四岁。

"字圣"许慎

许慎(约58—约147年),字叔重,汝南郡召(shào)陵县(今河南省漯河市境内)人,东汉著名的经学家、文字学家。

许慎性格淳朴敦厚,年少时广泛学习经书,经学家马融对他评价很高,当时的人都称赞许慎,说他对五经的研究没有人能比得上。许慎被推举为孝廉,曾经担任五经博士,在国家图书馆东观负责校书。

当时,儒家经学经过几百年的发展,衍生出很多派别,各家对五经的解说很混乱,褒贬不一,他就写作了《五经异义》,记述今文经学与古文经学内容的异同。

秦始皇统一天下后,实施"书同文"的制度,下令统一文字,先后由丞相李斯发布《仓颉(jié)篇》,中车府令赵高发布《爰(yuán)历篇》,太史令胡毋(wú)敬发布《博学篇》,成为较早的字书;汉朝也发布《凡将篇》《急就篇》等字书,继续普及文字。但这些书籍字数不多,且字体一直处于流变之中,时间长了产生混乱。

东汉以来,今文经学的学者经常拿儒家经典作为教条,认为字字句句都有圣人的微言大义,随意用文字比附引申;而古文经学的学者认为文字有本义,只有客观地理解本义,才能更好地解读经典。

许慎作为古文经学家,立志驳斥今文经学篡改经义的说法,决定创作一部字书。

100年,他在东观校书期间,便已经完成了《说文解字》,又利用能读到皇家典籍的机会,继续花了二十多年修订完善,于121年最终定稿,进献给朝廷。

《说文解字》共十五卷,分五百四十个部首,收入

▼ 许慎写作《说文解字》

九千三百五十三个字，加上一千多个异体字，共一万零五百一十六个字。《说文解字》通过偏旁、部首，对汉字进行分类归纳，开启了按部首编排汉字的方法，一直沿用至今。它保存了大量古字、古义，在训诂学中具有重要意义，还保存了大量古音资料，为后世研究上古音提供了重要依据。

《说文解字》是我国最早的系统分析汉字字形、考察字源的工具书，也是世界上第一部字典，对后世的影响十分深远。

147年，许慎因病去世。人们为了纪念许慎对文字学作出的杰出贡献，尊称他为"字圣"，称他的《说文解字》为"许书"，称他的学说为"许学"。

经典原文与译文

【原文】太傅陈蕃辟之，与参政事。蕃败，休坐废锢，乃作《春秋公羊解诂》，覃思不窥门，十有七年。又注训《孝经》《论语》、风角七分，皆经纬典谟（mó），不与守文同说。又以《春秋》驳汉事六百余条，妙得《公羊》本意。——摘自《后汉书·卷七十九下》

【译文】 太傅陈蕃征辟何休,参与政事。陈蕃失势,何休因此获罪被禁止做官,于是撰写《春秋公羊解诂》,深思熟虑、不曾出门,有十七年。又注解《孝经》《论语》、风角七分,都是纵横谈论经典,与拘泥文字的学说不同。又以《春秋》的公义驳斥汉朝政事六百多条,深得《春秋公羊传》的精髓。

如鲠(gěng)在喉: 鲠,鱼骨头。就像有鱼骨头卡在喉咙里。比喻心中有话没有说出来,很难受。

同室操戈: 同室,自己人;操戈,拿起兵器。自己人相互交战。指内部斗争。

一继一及: 父死子继,兄死弟及。

方术列传

> 方术，指方技和术数。方技是指医药、占卜、星象、看相等技术；术数是指根据阴阳五行相生相克的规律，研究人事和国家的气数。方术因为浓厚的神秘色彩，历来很受重视。《史记》就有《日者列传》《龟策列传》，记载相关的人和事。两汉时期，方术在政治上的运用更加频繁。《方术列传》为《后汉书》首创，共两卷，记载三十多位方士的事迹，本书选取华佗和他的弟子吴普为代表。

"外科鼻祖"华佗

华佗（约145—208年），字元化，一名旉（fū），沛国谯县人，东汉末年著名医学家，与董奉、张仲景并称"建安三神医"。

华佗年少时在外游学，一心钻研医术而无心仕途。他精通医术,又掌握养生的方法,年老之时,容貌还和壮年一样,当时的人都认为他是神仙。

华佗精于药方,每次给人抓药,从来不用称,针灸也不过灸几处就能见好。

有一位郡守病了很久,华佗诊断后认为他必须要大发一顿脾气才能好,就收了郡守很多钱,故意不给他看病,没过多久偷偷离开,专门留下一封信大骂郡守。

郡守非常生气,派人追杀华佗,没有追到,气得吐出几升黑血,病就好了。

有一次,广陵郡(今江苏省中部)太守感到胸中烦闷,脸色发红,不思饮食。华佗把完脉后说:"你胃中有虫,形成了内疽(jū),是腥膻(shān)之物吃多了的缘故。"制了两升药汤让太守服下,太守吐出许多红头虫子,病就好了。

华佗对他说:"这个病三年以后还会发作,如果遇到好医生可以救治。"过了三年,太守的病果然复发,但是没有找到华佗,结果病发而死。

还有一位李将军,妻子生病,请华佗诊治。华佗诊完脉后说:"她体内有胎儿没有去除。"将军说:"确实有过,但是已经去除了。"华佗坚持说有。

过了一段时间,妻子果然感觉到腹中有胎动,华佗看完后说："本有两胎，生第一胎时失血过多，所以第二胎生不下来。胎儿已死，血液停止流通，因此连累母体生病。"后来果然取出一个死胎，已成人形。

华佗首创麻沸散，患者服用以后，全身失去知觉，华佗将腹部剖开，取出病灶，然后再缝合，涂上神药，疼痛四五天，一个月左右能康复如初。

有一回，一位病人得了重病，华佗说："你的病只能剖腹才能治好，但是你的寿命也不过十年，这个病不能让你致死。"那人坚持要治，华佗就用麻沸散将他麻醉后剖腹治疗，当时治好了，十年后果然死去。

魏武帝曹操长期被头风症所累，听说华佗是神医，把他找来侍奉左右。华佗脾气不好，加上从医被人看不起，常常感到郁闷。后来，他向曹操请假，说要回家取药，回去以后推说妻子生病，多次延长假期，不肯返回。

曹操连续给他写信，他都不听，曹操非常生气，派人去打听，得知他的妻子根本没生病，就把华佗关进狱中。审讯后，华佗供认不讳。有人替华佗求情，曹操听不进去，把华佗杀了。

华佗临死前，拿出一卷医书交给狱吏，说："凭借这本书，可以治病救人。"狱吏害怕受连累，不敢接受，华佗无奈，只好把这本书烧了。

▲ 华佗治病

华佗经过几十年的学习专研，熟练掌握了医药、养生、针灸、外科手术等多种治疗手段，精通内科、外科、妇科、儿科，医术已经达到登峰造极的地步。他发明的麻沸散是世界上最早的麻醉剂，早于西方一千六百多年，被后世誉为"外科鼻祖"。

即便在今天，人们称赞某位医生医术高明，也说是"华佗再世"。

华佗弟子吴普

吴普（生卒年不详），广陵郡人，跟随华佗学医，依照他的方法，救治了很多人。

华佗曾对吴普说："人要经常运动，但不能过度。血脉流通，才能百病不生，就像户枢，始终不会腐朽。"

华佗便创造了一套模仿虎、鹿、熊、猴、鸟五种动物运动的保健操，叫作"五禽戏"，经常练习可以活动筋骨，身体轻便，祛除疾病。

吴普照着做，直到九十多岁还耳聪目明，牙齿完好。

吴普著有《吴普本草》，对草本学的研究和传承作出了贡献，宋朝之后失传。

经典原文与译文

【原文】佗尝行道，见有病咽塞（sāi）者，因语之曰："向来道隅有卖饼人，萍齑（jī）甚酸，可取三升饮之，病自当去。"即如佗言，立吐一蛇，乃悬于车而候佗。时佗小儿戏于门中，逆见，自相谓曰："客车边有物，必是逢我翁也。"及客进，顾视壁北，悬蛇以十数，乃知其奇。

——摘自《后汉书·卷八十二下》

【译文】华佗曾经在路上行走,看见一个人得了咽喉梗塞的病,便对他说:"原来路边有个卖饼的人,他的萍齑很酸,可以买三升喝下,病自然就好了。"病人立即按照华佗说的,马上吐出一条蛇,就把蛇挂在车上等候华佗。当时华佗的小儿子正在门内玩耍,迎着看见了,对他说:"你车边有蛇,一定是见到家父了。"等到那人进屋,向北墙望去,挂着十几条蛇,才知道华佗的医术神奇。

词语积累

刮骨疗伤:刮掉深入骨头的毒性。比喻彻底治疗,从根本上解决问题。

对症下药:症,病症;下药,用药。医生针对患者的病症用药。比喻针对问题所在,采取有效措施。